Anke Precht
Gelassen powern

= Anke Precht !!

Anke Precht

Gelassen powern

Das Geheimnis
mentaler Energie

Kösel

Der Kösel-Verlag weist ausdrücklich darauf hin, dass im Text enthaltene externe Links vom Verlag nur bis zum Zeitpunkt der Buchveröffentlichung eingesehen werden konnten. Auf spätere Veränderungen hat der Verlag keinerlei Einfluss. Eine Haftung des Verlags ist daher ausgeschlossen.

Verlagsgruppe Random House FSC© N001967

Copyright © 2017 Kösel-Verlag, München,
in der Verlagsgruppe Random House GmbH,
Neumarkter Str. 28, 81673 München
Umschlag: Weiss Werkstatt, München
Umschlagmotiv: shutterstock/locote; shutterstock/majivecka
Illustrationen: Wolfgang Pfau, Baldham (S. 66, 143 f., 194 f., 198, 200 sowie
Smileys und Vignetten im Powerfeld-Modell auf S. 148 ff.)
Lektorat: Imke Oldenburg, Bremen
Druck und Bindung: CPI books GmbH, Leck
Satz: Fotosatz Amann
Printed in Germany
ISBN 978-3-466-34678-3
www.koesel.de

Dieses Buch ist auch als E-Book erhältlich.

Inhalt

Einführung   9

1 Wie funktioniert Energie?   13

Hohe und schwache Energiezustände, oder:
Das Gewicht der Einkaufstaschen   14
Energie ist nicht absolut, sondern zustandsabhängig   19
Unterschiedliche Energiezustände beobachten
und voneinander unterscheiden   24
Das Sinus-Prinzip   31
Wellenkamm und Tal   32
Oben, unten und dazwischen   37
Viel Energie haben heißt nicht, dass sie auch
schnell weg ist   40
Für mentale Energie gibt es keinen Akku   41
Was kannst du tun, wenn du dich auslaugst
oder immer wieder in Täler rutschst?   45
Auf einen Blick: Mentale Energiezustände   52

2 Wie du Energiezustände gezielt auslöst   55

Musik   57
Düfte   62
Outfit   64
Kleidung   65
Schuhe   71

Haare	73
Accessoires	75
Make-up	75
Haltungen	**77**
Grundlegende Haltungen und ihre Folgen für deine Energie	80
Wie du deine Haltung verbesserst	82
Bewegungen	**83**
Wie du Informationen über deine Bewegungen gewinnst	86
Handlungen und Rituale	**90**
Biochemische Zustände	**92**
Lernen verknüpft Erfahrung mit einem biochemischen Zustand	94
Optimal auf Prüfungen vorbereiten	96
Die Macht biochemischer Zustände nutzen	97
Imagination	**98**
Nutze die Kraft der Imaginationen!	100
Der optimale Zustand – kurzgefasst	104
Bilder und Fotos	**104**
Klassiker, die du nutzen kannst	107
Kulinarisches	**109**
Was macht dich glücklich?	111
Gegenstände	**112**
Personen	**114**
Warum ein normales Familienleben so wichtig ist	115

3 Energie und Resonanz: Wie Menschen sich gegenseitig beeinflussen   123

Resonanz: Anstecken oder geschluckt werden	125
Resonanz ist nicht nur ein mentales Phänomen	129
Das schwerste Pendel gewinnt	131
Ein starkes Pendel ist nicht angeboren	132
Die Krux mit der Empathie	133

Die Eigenschaften unseres Pendels werden in der
   Kindheit geprägt   134
Wie du jedem Energievampir die kalte Schulter zeigst   136

4 Das Powerfeld-Modell   141

Energie braucht Balance   143
Das Powerfeld im Detail   147
Wie du auf die einzelnen Achsen einzahlst   148
   Du für die anderen   150
   Andere für dich   151
   Du für deinen Körper   152
   Du für deinen Geist und deine Seele   153
Dysbalance macht krank – Balance macht stark!   155
Genug Energie? Die Balance entscheidet!   164
Wie du das Powerfeld für dich nutzt   166
   Wie arbeitest du mit der Kopiervorlage?   166
   Franks Lösung   169

5 Stärke dein Pendel   175

Wie du stark und authentisch wirst
   und andere mitreißt   177
Achtsamkeit lernen   181
   Wahr-Nehmen auf allen Kanälen   182
   Gedanken beobachten und festhalten   185
   Gedanken, Stimmungen und Gefühle beobachten   187
Trigger nutzen   189
Wie du negative Trigger löschen kannst   191
   Systematische Desensibilisierung   192
   Mittellinien-Technik   195
Energetische Techniken zur Stärkung der Mitte   196
   Das Qi aktivieren   197
   Bilaterale Hirn-Aktivierung   199
   Yin-Yang-Atmung   200

Powerfood	201
Wer übt, gewinnt!	203

6 Los geht's – mach dir einen Fahrplan! — 207

Fang da an, wo es dir am leichtesten fällt!	212
Planen ist der erste Schritt – und wie du deinen Plan durchhältst	214

Zum Schluss — 217

Dank — 219

Literatur — 221

Kontakt — 223

Einführung

Energie ist allgegenwärtiges Gesprächsthema: Ständig sprechen wir davon, dass die Ressourcen begrenzt sind und dass wir Energie sparen müssen. Das ist vernünftig und im Hinblick auf die fossilen Energien genau richtig: Was verbraucht ist, ist weg und kommt nicht mehr wieder.

Warum sollten wir diese Erfahrung nicht auch auf die menschliche Energie übertragen? Wir verbrauchen ja auch Energie, körperlich und mental. Wenn wir arbeiten, uns aufregen, uns um andere kümmern, den Haushalt machen, Pläne schmieden oder uns morgens aufraffen und aufstehen – bei all diesen Aktivitäten verbrauchen wir Energie.

Häufig merken wir dann irgendwann: Ich bin erschöpft. Der Akku ist leer. In solchen Momenten haben wir das Bedürfnis, uns zu erholen.

Sicher kennst du viele Wege, um die Akkus wieder aufzufüllen: Schlaf ist der klassische, viele Freizeitaktivitäten helfen dabei, zum Beispiel Spaziergänge, künstlerische Aktivitäten, Lesen, Fernsehen oder das Surfen im Internet. All das tun wir, um unsere Energie wiederherzustellen. Und oft auch, weil es Spaß macht.

Aus diesen Verhaltens- und Wahrnehmungsmustern kann ein sehr logisches Bild entstehen: Wir haben ein Energie-Reservoir, aus dem durch bestimmte Aktivitäten etwas abgezapft wird, zum Beispiel durch die Arbeit. Durch andere Aktivitäten oder Entspannung wird etwas hineingefüllt, wie an einer Tankstelle. Bei einem Bankkonto ist es ähnlich: Bestimmte Aktivitäten reduzieren den Kontostand, andere lassen ihn anwachsen. Die Kunst besteht darin, nicht mehr auszugeben, als auf dem Konto ist. Sonst geht es in die Miesen.

Wenn ich mit Menschen über Energie spreche, zeigt sich schnell, dass diese Logik bei den meisten tief verankert ist und auch nicht hinterfragt wird. Nicht selten sagen wir etwas wie: »Mein Akku ist leer«, »Ich bin alle« oder »Ich muss meine Batterien wieder aufladen«. Hast du solche Formulierungen auch schon gehört? Wahrscheinlich ja.

Aber, und das ist ganz wichtig: Sie sind nicht richtig. Die mentale Energie folgt anderen Gesetzen als die körperliche. Diese Gesetze zu kennen ermöglicht es dir, künftig nicht nur nicht mehr auszubrennen und einem leeren Konto dauerhaft vorzubeugen. Es bedeutet vor allem, langfristig leistungsfähiger und lebensfroher zu sein – und dabei andere Menschen mitzureißen, anstatt dich von ihnen herunterziehen zu lassen oder sie selbst herunterzuziehen.

Wer zu wenig Energie hat, um die aktuellen Aufgaben zu erfüllen, ist gut beraten, etwas über mentale Energie zu lernen. Dafür habe ich dieses Buch geschrieben.

Es zeigt dir, wie schnell sich die für dich verfügbare Energie verändern kann und welchen Gesetzen sie folgt. Es zeigt dir, wie du selbst lernen kannst, genau die Energie zu aktivieren, die du gerade brauchst und dich in einen inneren Zustand zu bringen, der für die anstehende Aufgabe optimal ist.

Es zeigt letztlich auch, dass es manchmal besser ist, mehr zu tun als weniger, gerade wenn sich jemand ausgepowert fühlt oder kurz vor einem Burnout steht.

Vielleicht kennst du auch einen dieser Menschen, die schon seit Jahren überdurchschnittlich aktiv sind und von denen man den Eindruck hat, sie ermüden nie? Die viel arbeiten, alle anfallenden Aufgaben im Haushalt managen, Freunde zu sich einladen, ausgehen, Hobbys pflegen und nicht selten auch in diesem Umfeld – im Sportverein oder Chor – Aufgaben für andere übernehmen? Die dazu noch meistens gut gelaunt sind, Enttäuschungen und Verluste gut wegstecken und dabei ihr Herz behalten haben?

Diese Menschen beneiden wir alle. Wie kommt es dazu, dass sie so viel mehr Energie haben als die meisten anderen? »Die Gene!«, meinen die einen. Glückskinder also, vom Schicksal begünstigt. »Früher oder später brechen auch die zusammen, warte nur ab!«, unken die Verfechter des Bankkonto-Modells.

Nur ist es oft so, dass diese Menschen gerade nicht zusammenbrechen, sondern im Gegenteil oft bei bester Gesundheit ein hohes Alter erreichen. Und auch die genetische Hypothese ist fraglich. Denn oft kommen diese Menschen aus Familien, in denen sie die einzigen sind mit einer solch beneidenswerten Gabe.

Ich lade dich deshalb ein auf ein Abenteuer. Es ist vergleichbar mit der Entdeckung eines neuen Kontinents. Du wirst Zusammenhänge entdecken, die vieles, was du bisher erlebt hast, auf den Kopf und in ein ganz neues Licht stellen. Weil dich dieses Abenteuer ganz persönlich angeht, weil dieses Buch kein theoretischer Abriss ist, sondern dich wirklich einlädt, diese neuen Erfahrungen selbst zu machen, wie in einem persönlichen Coaching, spreche ich dich, meinen Leser oder meine Leserin, in der persönlichen »Du«-Form an. Alle Erfahrungen, die ich in diesem Buch zusammengetragen habe, sind in vielen Begegnungen entstanden und durch die Entwicklung vieler Menschen, die mir am Herzen liegen, bestätigt worden. Es ist ein persönliches Buch, zu dem sehr viele Menschen mit ihren Erfahrungen beigetragen haben. Du kannst sie alle für dich nutzen und aus diesem Buch ein richtiges Arbeitsbuch machen, das dich wie in einem Coaching befähigt, mehr und mehr selbst zu bestimmen, in welchem Zustand du dich jeweils befinden möchtest, wie du deine Energie nutzt und wie du dafür sorgst, dass du immer ausreichend davon hast, um all deine wichtigen Ziele zu verfolgen.

So zeige ich dir zum Beispiel, wie du deine Energie vermehrst, indem du mehr davon ausgibst. Oder wie du dich innerhalb von wenigen Minuten aus einem gestressten Zustand wieder in deine Mitte beamst, anstatt dich noch einige Stunden durch den Tag zu quälen. Du lernst auch, wie du deine Tätigkeiten in eine gute Balance bringst und bekommst immer wieder konkretes Handwerkszeug, mit dem du arbeiten kannst. Praktische Übungen zum Ausprobieren machen die Theorie gleich erfahrbar. Zu manchen Fragen kannst du dir Notizen machen, um mehr über dich selbst und über deine persönlichen Kraftquellen zu erfahren. Dazu besorge dir am besten ein kleines Notizbuch – dein Powerbuch! Das nutzt du immer dann, wenn du hier im Buch leere Zeilen findest, die dir zeigen: Hier heißt es nachzudenken, zu sortieren und etwas zu notieren (wenn du magst, kannst du natürlich auch einige kurze Gedanken hier in die Leerzeilen im Buch einfügen). Es lohnt sich!

Du wirst dich nicht nur mehr in Bewegung bringen und endlich genug Kraft haben, Potenzial zu entfalten, das bisher in dir geschlummert hat. Du wirst auch besser schlafen, dich wohler fühlen und ausgeglichener sein. Solltest du dich schon in Richtung Burnout bewegen, weißt du bald, wie du das Ruder herumreißen kannst und tauchst wieder auf, anstatt abzustürzen.

Das Beste dabei: Du kannst das selbst. Du brauchst keine Klinik und keinen Coach dazu. Du bist der Kapitän oder die Kapitänin auf deinem eigenen Schiff – du brauchst nur die Segel zu setzen und sofort mit dem Lesen zu beginnen!

Dann tauche also ein ins Sinus-Prinzip – was damit genau gemeint ist, erkläre ich später noch etwas genauer –, in die faszinierende Alchemie der mentalen Energie und all ihrer Möglichkeiten!

1
Wie funktioniert Energie?

Hohe und schwache Energiezustände, oder: Das Gewicht der Einkaufstaschen

Ich wohne mitten in der Stadt, in einem Altbau, der direkt in der Fußgängerzone steht. Das ist in vielerlei Hinsicht sehr schön und praktisch. Alles ist quasi um die Ecke: die Bäcker, der Wochenmarkt, die Boutiquen, der Fahrradladen, das Eiscafé. Alles, nur nicht der Supermarkt. Denn der hat ja bekanntlich in der Innenstadt keine großen Überlebenschancen. Für eine Familie, die an manchen Wochenenden acht Personen umfasst, Besuch nicht mitgerechnet, gibt es dort aber eine ganze Menge einzukaufen.

Und das führt dazu, dass ich einmal in der Woche einen großen Einkauf mache. Das heißt: ich bin etwa zwei Stunden unterwegs, im Supermarkt, beim Metzger und beim Getränkehändler, besorge Wasser, Milch, Kartoffeln, Pasta, Fisch, Fleisch, Linsen, Mehl, das ein oder andere Obst und Gemüse, das es auf dem Markt gerade nicht gibt oder das ich noch vor dem Markttag brauche, Olivenöl, Essig, Kaffee und Wein, Joghurt, Butter und Rahm, Senf, Pesto, Tofu, Käse und Schinken für die Pausenbrote der Kinder, Kokosmilch, Tomatenpassata, und manchmal, wenn es mich zum Asiaten in die nächste Großstadt verschlägt, verschiedene asiatische Leckereien, die in den Vorratsschrank und die Tiefkühltruhe wandern. Alles in allem wird so eine Menge an Taschen und Körben gefüllt.

Da ich nur sonntags mit dem Auto bis vor die Haustür fahren darf, lande ich alle Einkäufe in der Parallelstraße an. Hier gibt es ein Tor, das in die Garage des Nachbarn führt. Von dort aus geht es weiter durch eine kleine Tür in einen geräumigen überdachten Fahrradabstellraum zwischen den Häusern, dann durch eine weitere Tür in den Hausflur, anschließend eine steile Treppe hinauf und durch weitere zwei Räume in die Küche.

Ich stelle also erst einmal alle Einkäufe in Nachbars Garage, suche einen Parkplatz für das Auto, komme zurück und trage dann die Einkäufe nach oben, um sie wegzuräumen.

Weil das Woche für Woche das gleiche Ritual ist, weiß ich ziemlich genau, wie schwer die einzelnen Taschen sein dürfen, damit ich sie gut in die obere Etage bekomme. Unten Milch, Karotten und Eier, darauf Müsli und Haferflocken, oben dann etwas Leichtes, Toast oder zwei Salatköpfe. So ähnlich packe ich sie.

Erstaunlicherweise mache ich aber schon seit Langem die Erfahrung, dass mir das Tragen an manchen Tagen leichter fällt als an anderen. Manchmal geht es ganz mühelos. Ehe ich's begreife, sind die Taschen schon oben, die Einkäufe in den Schränken und ich mit einer Tasse Tee im Büro, um meine Post zu sichten. An anderen Tagen kommt mir das Herauftragen sehr mühsam vor, ich schleppe die Taschen, mühe mich ab und fluche manchmal sogar dabei – jedenfalls, wenn niemand in der Nähe ist, der mich hören kann.

Das kann man damit erklären, dass ich nicht immer die gleiche Tagesform habe. Und genau das dachte ich auch sehr lange. Manchmal ist man eben fit, und an anderen Tagen nicht. Schlecht geschlafen, schlechte Laune, wenig trainiert, solche Dinge. Bis zu dem Tag, von dem ich nun erzähle – das ist der Tag, an dem ich zu verstehen begann, was es mit der Energie eigentlich auf sich hat.

Ich hatte also wieder einmal einen großen Einkauf in die

Garage meines Nachbarn gestellt, das Auto geparkt und die ersten Taschen schon in die Küche getragen. Es war einer dieser Tage, an denen sie gefühlt wenig wogen, es ging leicht, vielleicht, weil draußen einer der ersten echten Frühlingstage war, sonnig und schon freundlich warm, mit blühenden Bäumen und Büschen. Ich hatte beste Laune. Als ich das dritte Mal mit vollen Einkaufstaschen in den Hausflur kam und ins Treppenhaus abbiegen wollte, fiel mein Blick in den Korb an der Eingangstür. Da lag Post. Der Briefträger war schon da gewesen. Klar, dass ich die Post gleich mitnehmen wollte. Da ich viele Aufgaben unter einen Hut bringen muss, habe ich mir eine gewisse Effizienz antrainiert.

Der Brief stammte vom Finanzamt. Erst ärgerte ich mich. Katja, meine Steuerberaterin, hatte mich vorsorglich schon gewarnt, dass eine Nachzahlung auf mich zukommen würde. »Das ist gut«, meinte sie in ihrer pragmatischen Art, die ich so an ihr liebe: »Leg etwas zurück. Das heißt, du hast erfolgreich gearbeitet.« Der Moment, an dem man die genaue Summe dann aber erfährt, ist meist nicht sehr erfreulich, und da ich gerade eine größere Überweisung gemacht hatte, kam mir die Situation denkbar ungelegen. »Oh nein!«, rief ich aus und war plötzlich überhaupt nicht mehr guter Laune, sondern voller Sorge. So schnappte ich mir wieder die beiden Einkaufstaschen, die ich im Hausflur abgestellt hatte. Wie schwer die auf einmal waren! Es schien mir, als hätten sie ihr Gewicht in der Zeit, die verging, während ich den Brief aufhob und anschaute, locker verdoppelt. Kaum zu glauben, wie viel Kraft ich aufbringen musste, um sie die Treppe hinaufzuschleppen und in die Küche zu bugsieren! Bei den beiden in der Garage verbliebenen Taschen verhielt es sich nicht anders. Plötzlich hatte sich meine Kraft verabschiedet. Meine Energie war im Keller. Und dafür hatte es nichts weiter gebraucht als ein Stück Papier mit einem Poststempel und einem Absender drauf!

Das war die Geburtsstunde des Sinus-Prinzips. Nachträglich bin ich Katja und dem Finanzamt dafür dankbar. Denn hätte ich diese so eindrückliche Erfahrung nicht gemacht, hätte es vielleicht noch lange gedauert, bis ich begriffen hätte, wie maßgeblich sich unsere Energiezustände auf unser tägliches Leben auswirken – und wie schnell und häufig sie sich verändern. Häufig viele Male im Lauf eines Tages.

Aber eins nach dem anderen. Bevor ich also ins Büro ging, um mich dem Inhalt des Briefs zu stellen, machte ich mir einen Tee und fragte mich: »Wie kann es sein, dass sich das Gewicht von Einkaufstaschen innerhalb weniger Sekunden verdoppelt, ohne dass zusätzlich etwas hineingekommen ist? Außer meinen Sorgen vielleicht ...« Während ich darüber nachdachte, fiel mir auf, dass sich noch viel mehr verändert hatte als nur meine Kraft. Meine Stimmung hatte sich gewandelt. Hatte ich mich vorher noch frühlingsleicht gefühlt, war ich nun bedrückt und besorgt. Meine Gedanken kreisen um den möglichen Inhalt des Schreibens und beschäftigten sich mit dem einen oder anderen Szenario, das sich daraus schlimmstenfalls ergeben könnte. Bevor mein Blick auf den Brief gefallen war, hatte ich nicht wirklich über etwas nachgedacht. Mein Kopf war frei und leicht gewesen, während nun düstere Wolken in ihm herumwaberten. »Wieso hast du gerade jetzt diese Überweisung gemacht!«, beschimpfte ich mich selbst. »Du wusstest doch, dass das Finanzamt noch kommt!« Ja, meine Selbstgespräche waren harsch, ich war sehr unzufrieden und uneins mit mir. Und fühlte gleichzeitig ein Gefühl der Mutlosigkeit in mir aufsteigen, was eher untypisch für mich ist. Eigentlich bin ich ein Mensch, der versucht, auch aus schwierigen Situationen das Beste zu machen und der sich nicht leicht einschüchtern lässt. Und genau diese Erkenntnis, die sich wie eine kleine, schon fast verstummte Stimme noch einmal in meinem Hinterkopf meldete, half mir dabei aufzustehen, ins Büro zu gehen und den Brief zu öffnen.

Der Inhalt des Schreibens war wie befürchtet. Doch während ich die Zahlen anschaute, wich der bewölkte Zustand aus meinem Kopf und ich fand mich wieder in einer Stimmung, die ich am besten mit ernüchtert und entschlossen beschreiben kann. Noch lange nicht angenehm, aber geprägt von einer grimmigen Beharrlichkeit. Ich begann, nach Lösungen zu suchen, Anrufe zu tätigen und hatte eine Stunde später die wichtigsten Schritte organisiert, um das Finanzamt zu erfreuen und dabei nicht unterzugehen.

In den folgenden Wochen achtete ich sehr bewusst auf das Gewicht meiner Einkaufstaschen wie auch sonstiger Gepäckstücke. Wie empfand ich es gerade? Und was sagte mir das über meinen Zustand aus? Wie veränderte sich das gefühlte Gewicht, wenn ich etwas in mir veränderte?

Und während ich anfangs noch davon ausgegangen war, dass das Gewicht der Einkaufstaschen davon abhing, ob ich gerade sorgenumwölkt oder gänzlich unbeschwert war, entpuppte sich mein Selbstversuch nun als etwas weitaus Spannenderes: Je länger ich mich beobachtete, umso mehr Erstaunliches fand ich heraus.

So schien das Gewicht meiner Einkaufstaschen von so seltsamen Faktoren abzuhängen wie beispielsweise meiner Frisur. Trug ich die Haare offen und waren sie frisch gewaschen, waren die Taschen in der Regel leichter. Trug ich hohe Schuhe, die eigentlich unpraktisch sind, wenn man etwas Schweres tragen will, waren die Taschen ebenfalls leichter – aber nur, wenn es die roten oder die braunen Schuhe waren, nicht die schwarzen, obwohl die besser saßen und mir im Gegensatz zu den roten Schuhen auch nach längeren Strecken keine schmerzenden Füße verursachten. Was ich gefrühstückt hatte, spielte eine Rolle, ob ich danach die Zähne geputzt hatte oder nicht. Ob ich beim Einkaufen jemanden getroffen hatte, und wenn ja, wen. Und worüber wir gesprochen hatten. Das Wetter spielte eine Rolle, vor allem die Temperaturen, und ob es regnete oder nicht. Das mag noch einleuchten, macht Einkaufen bei Regen doch erfahrungsgemäß weniger Spaß als bei trockenem Wetter. Aber die Wahl meines Duftes am Morgen? Oder des Duschgels? Ich kam aus dem Staunen kaum mehr heraus.

Nach und nach entdeckte ich, was alles Einfluss auf die aktuell verfügbare Energie hat: mein komplettes Outfit, Gerüche, ob ich Musik hörte und wenn ja, welche, wie ich mich hielt und bewegte, woran ich dachte und was ich mir gerade bildlich vorstellte, was ich zu mir selbst sagte, welche Temperatur gerade herrschte, was ich aß oder trank, mit wem ich in Verbindung war und noch vieles mehr.

Bis zu jenem Zeitpunkt hatte ich kaum etwas getan, um diese Zustände aktiv zu steuern. Das änderte ich nun: ich begann, gezielt meine Kleidung auszusuchen und beobachtete, wie der Tag verlief. Ich wählte aktiv die Musik, die ich hörte und beobachtete ebenfalls, inwiefern meine Wahl den Tagesablauf beeinflusste. Ich variierte mein Parfum und schaute, ob sich das auf die Qualität meiner Arbeit auswirkte. Ich machte auf der Fahrt zur Arbeit an verschiedenen Orten Halt und verglich, welche Konsequenzen das für meine Stimmung hatte. Ich las vor einem Coaching meine Mails oder nicht und beobachtete, was sich dadurch veränderte. Ab diesem Moment staunte ich noch mehr!

Energie ist nicht absolut, sondern zustandsabhängig

Was ich herausfand, ist kurz gesagt Folgendes: die Energie, die wir haben, ist nicht absolut. Wir haben nicht per se viel oder wenig Energie. Ganz im Gegenteil: Im Prinzip können wir in jedem Moment über viel oder wenig Energie verfügen – je nachdem, in welchem Zustand wir uns befinden. Praktisch bedeutet das: innerhalb eines Augenblicks kann ich von einem energievollen in einen ganz schwachen energetischen Zustand fallen. Und umgekehrt natürlich genauso. Die meisten Menschen sind sich dessen kaum bewusst. Und wenn ihnen diese Zusammenhänge doch bewusst sind, dann eher als Folge von äußeren Umständen. Wer hat noch nicht die Erfahrung gemacht, dass man sich an einem Tag, an dem man fit und fröhlich gestartet ist, nach der Begegnung mit einem bestimmten Menschen ganz erledigt und ausgelutscht fühlt? Oder umgekehrt: dass man sich an einem trostlosen Tag ohne Energie plötzlich topfit fühlt, nachdem man eine gute Neuigkeit erfahren hat oder von einem sehr sympathischen Menschen angerufen wurde?

Kaum jemand überlegt jedoch, wie diese Änderungen gezielt zu steuern sind. Aber Hand aufs Herz, wünschen wir uns das nicht alle: selbst entscheiden zu können, wie wir uns fühlen, und aus Talsohlen des Missmuts und der Kraftlosigkeit elegant und in kürzester Zeit wieder aufsteigen zu können?

Nun, das ist möglich! Wie es geht, lernst du in den folgenden Kapiteln. Lernen bedeutet: Nicht nur lesen. Vom Lesen alleine verändert sich deine Energie nicht nachhaltig. Lernen heißt: ausprobieren, Erfahrungen machen, üben und wieder üben. Damit das leichter fällt, schlage ich unterwegs immer mal wieder etwas zum Ausprobieren vor oder bitte dich, etwas aufzuschreiben. Bist du bereit für die erste Übung?

Zum Ausprobieren:
Aktiviere einen Powerzustand!

ERSTENS: Bitte notiere dir hier eine Erinnerung, an die zu denken dir immer und ausschließlich gute Gefühle bereitet. Eines der schönsten Erlebnisse deines Lebens, ein spektakuläres oder ein ganz bescheidenes. Vorschläge gefällig? Vielleicht eine Situation aus einem wundervollen Urlaub, ein besonderer Kuss, der Anblick deines Kindes, wenn es friedlich schläft, die Mail eines geliebten Menschen oder etwas, das man dir gesagt hat und das dich stolz macht. Ein Erfolg, den du errungen hast, das Gefühl beim Reiten oder Motorradfahren, der Blick, wenn du einen Berg erklommen hast oder der Moment der Erfrischung, wenn du in einem See oder dem Meer schwimmst. Nimm das, was für dich am stärksten ist, und notiere es, damit du es künftig zur Hand hast. Nutze dein Notizbuch, wenn du mehr Platz brauchst.

....

....

ZWEITENS: Stell dich hin und erinnere dich nun so gut es geht an die positive Situation, die du ausgewählt hast. Fühle dich wirklich hinein, als wärst du gerade dort! Eine oder zwei Minuten lang, bist du alles Wichtige wahrgenommen hast. Nutze dafür alle deine Sinne! Die folgenden Fragen helfen dir dabei:

- Was ist dort in der Situation zu sehen? Welche Farben und Formen?
- Wie riecht es?
- Welche Geräusche sind zu hören?
- Wie fühlt dein Körper sich in der Situation an?
- Wie ist die Temperatur in deinem Körper, was spürst du noch? Sonne auf der Haut, Wind vielleicht?

Wenn du das registriert hast, prüfe weiter, was das in diesem Moment mit dir macht:

- Tauchen Gedanken auf, und wenn ja, welche?
- Welches Gefühl herrscht vor, welche Emotion?
- Wie fließt dein Atem?
- Wie ist der Herzschlag?
- Wie viel Energie hast du?
- Wie alt fühlst du dich innerlich?
- Wie schnell oder langsam vergeht die Zeit?
- Was würdest du dir selbst sagen, wenn du dir etwas sagen würdest?
- Wie stehst du auf dem Boden?
- Wie ist deine Körperhaltung?

Und nun notiere alles, was dir dazu eingefallen ist:

....

....

Du hast nun schon einen ersten Zustand hoher Energie bei dir kennengelernt und weißt, wie du in einen solchen Zustand hineinkommen kannst!

DRITTENS: Nun bereite dich darauf vor, einen negativen Zustand zu erkunden. Stell dir ein kleines Ärgernis vor, das du vor Kurzem erlebt hast. Nichts Dramatisches. Es reicht meist etwas Kleines, weil wir uns in unangenehme Erfahrungen leichter hineinversetzen als in angenehme. Wahrscheinlich aus Gewohnheit. Also: Hat dir kürzlich jemand die Vorfahrt genommen, hattest du einen Streit, ärgerst du dich gerade über etwas? Denke daran.

Sobald du in Gedanken dort bist, überprüfe nun noch einmal, aber so kurz wie möglich:

- Welches Gefühl herrscht vor, welche Emotion?
- Wie fließt dein Atem?
- Wie ist der Herzschlag?
- Wie viel Energie hast du?
- Wie alt fühlst du dich innerlich?
- Wie schnell oder langsam vergeht die Zeit?
- Was würdest du dir selbst sagen, wenn du dir etwas sagen würdest?
- Wie stehst du auf dem Boden?
- Wie ist deine Körperhaltung?

Und nun notiere alles, was dir dazu eingefallen ist:

....

....

Du hast nun einen ersten Zustand niedriger Energie bewusst bei dir kennengelernt und weißt, wie du in einen solchen Zustand hineinkommen kannst!

VIERTENS: Kehre nun in deine angenehme Erinnerung zurück und bleibe dort so lange, bis du wieder stabil stehst, dich wohl fühlst und die Übung mit einem starken, stabilen Gefühl abschließen kannst.
Was ist dir alles aufgefallen?

....

....

Energie ist nicht absolut, sondern zustandsabhängig

Unterschiedliche Energiezustände beobachten und voneinander unterscheiden

Du hast nun schon eine erste Erfahrung gemacht, wie es sich anfühlt, von einem Zustand in einen anderen zu wechseln. Erinnerungen sind gute Auslöser dafür. Es reicht, dass wir uns in eine Situation ganz hineindenken, und unser Körper reagiert, als seien wir wirklich da.

Genau deswegen fühlen wir uns immer schlecht, wenn wir uns Sorgen über die Zukunft machen: Wir denken darüber nach, was für Herausforderungen oder Probleme auf uns zukommen können. Unser Körper jedoch, und dazu zählen auch unsere Gefühle, reagiert, als wäre diese Situation schon Wirklichkeit. Andersherum verhält es sich genauso: denken wir an etwas Angenehmes oder Erfreuliches, fühlen wir uns gut.

Neben den beiden Zuständen, die du gerade selbst und absichtlich bei dir ausgelöst hast, gibt es aber noch unzählige andere! Jeder einzelne ist mit einzigartigen Eigenschaften versehen: einem ganz bestimmten Gefühl, einem gefühlten inneren Alter, einem bestimmten Fluss der Atmung und Rhythmus des Herzschlages, einer besonderen Haltung, einer speziellen Menge an verfügbarer Energie und den damit verbundenen Gedanken und Autosuggestionen.

Dieser letzte Punkt bezieht sich auf all das, was du dir selbst sagst, wie zum Beispiel: »Das schaffe ich«, »Wie kann ich nur so blöd sein!«, »Alles wird gut.«, »Das Leben ist ungerecht!« oder: »Es ist okay.« Manche Zustände kommen auch ganz ohne solche Gedanken aus. Befindest du dich in einem solchen Zustand, dominiert die Wahrnehmung des Augenblicks oder ein bestimmtes Gefühl.

Menschen, die sich selbst sehr gut beobachten können, entdecken häufig über 20 verschiedene Zustände, in denen sie sich an einem ganz normalen Tag befinden – starke wie auch schwache. Andere werden zuerst weniger Zustände unterscheiden können. Das Wahrnehmen und Entdecken der unterschiedlichen Zustände ist deswegen hilfreich, weil du dadurch schon erste Hinweise darauf findest, was diese unterschiedlichen Zustände vielleicht auslösen kann.

Tritt ein Zustand immer zur gleichen Tageszeit auf? Oder in Anwesenheit eines bestimmten Menschen? An einem bestimmten Ort? Während du etwas Bestimmtes tust? Hörst? Riechst? Dich auf eine besondere Art bewegst, zum Beispiel beim Sport, beim Yoga oder Tanzen? Gleich kannst du in die nächste Übung starten:

Zum Ausprobieren:
Entdecke Energiezustände!

Nimm dir in den nächsten Tagen mehrmals täglich Zeit um herauszufinden, in was für einem Zustand du dich gerade befindest. Nimm dazu die Kopiervorlage auf der übernächsten Doppelseite und kopiere sie 10- bis 20-mal, damit du sie immer zur Hand hast und alle Energiezustände, die du bei dir entdeckst, detailliert aufschreiben kannst. Du wirst dich anfangs wundern, wie viele das sind! Aber nach und nach wirst du alte Bekannte wiedertreffen und merken, dass sich die meisten Zustände häufig wiederholen. Das gilt sowohl für die Zustände mit viel Energie als auch für jene mit wenig.

Das Anfertigen der Notizen wird dir dabei helfen, nach und nach die Kontrolle zu übernehmen und zu entscheiden, in welchem Zustand du dich gerade befinden möchtest. Du wirst lernen, den gewünschten Zustand immer leichter gezielt herbeizuführen.

Möglicherweise fällt es dir zunächst nicht so leicht, wahrzunehmen, wie es dir gerade geht und in welchem Zustand du dich befindest. Manche Menschen bemerken wirklich nur, wenn sie sich ganz besonders gut oder ganz besonders mies fühlen. Die neutraleren Zustände dazwischen entgehen ihrer Aufmerksamkeit. Da man die sensiblere Wahrnehmung aber trainieren kann, ist es nicht schlimm, wenn du zunächst nicht so viele unterschiedliche Stimmungen unterscheiden kannst! Nutze, wenn du zu diesen Menschen gehörst, ab sofort die Übungen zum Achtsamkeitstraining aus Kapitel 5. Sie werden dir dabei helfen, immer deutlicher zu bemerken, was gerade bei dir los ist und in welchem Energiezustand du dich befindest.

Mit dem Beobachten und Aufschreiben kannst du auf jeden Fall sofort beginnen. Nutze dabei die folgenden Hinweise als Wegweiser:

- **DATUM, TAG UND ZEIT:** Hier vermerkst du das genaue Datum, den Wochentag und die Uhrzeit. Wenn du einen identischen Zustand mehrmals bemerkst, kannst du die verschiedenen Daten auch auf einem Blatt notieren. Voraussetzung ist, dass ab dem Punkt »Wie vergeht die Zeit« alles andere ebenfalls identisch ist! Wenn es Abweichungen gibt, und seien sie noch so klein, nimm eine neue Vorlage. Es handelt sich dann um einen anderen Zustand, den du separat erforschen kannst.
- **ORT:** Notiere, wo genau du dich befindest. Nicht »in der Firma«, sondern: »in der Firma an meinem Schreibtisch« oder »in der Firma in der Raucherecke«. Hier gilt das Gleiche wie für Datum, Zeit und Ort: Wenn du den gleichen Zustand in unterschiedlichen Umgebungen bemerkst, kannst du beide Situationen auf einem Blatt vermerken.
- **WER IST NOCH DA?** Schreibe alle Personen auf, die außer dir anwesend sind. Wenn du »die Kollegen« schreibst, notiere bitte, ob es alle sind, oder eine bestimmte Anzahl, oder vielleicht auch, ob eine bestimmte Person fehlt, in deren

Anwesenheit du vielleicht in einem anderen Zustand wärst. Außerdem notiere auch, wem du kurz vorher begegnet bist, wenn du den Verdacht hast, dass der Zustand, der dir aufgefallen ist, schon etwas früher ausgelöst wurde.

- **WIE VERGEHT DIE ZEIT?** Bitte notiere, wie die gefühlte Zeit vergeht: läuft sie so schnell wie auf der Uhr, rast sie oder dehnt sie sich wie ein Kaugummi?
- **WIE IST DEINE HALTUNG? WIE STEHST DU AUF DEM BODEN?** Hier notiere alles, was dir an deiner Haltung auffällt: Stehst du stabil oder wackelig? Wenn du wackelig stehst: In welche Richtung schwankst du? Nach vorne, nach hinten oder zur Seite? Oder fühlen sich die Knie weich an? Bist du aufrecht oder stehst du gebeugt oder überstreckt? Geht dein Blick geradeaus, nach unten oder trägst du die Nase etwas nach oben? Ist der Hals gerade? Fühlt sich der Körper entspannt an, oder bemerkst du eine besondere Spannung?
- **WIE FLIESST DEIN ATEM?** Schreibe auf, ob du langsam oder schnell atmest und wie tief oder flach deine Atmung ist. Stoppt dein Atem im Brustbereich oder fließt er bis in den Bauch? Bewegt sich das Zwerchfell, wölbt sich der Bauch? Oder kannst du den Atem fast nicht spüren? Oder geschehen Seufzer, tiefes Aufatmen?
- **WIE IST DER HERZSCHLAG?** Notiere, ob der Herzschlag eher ruhig ist oder beschleunigt. Wenn du magst, kannst du auch deinen Puls fühlen und einen Schätzwert aufschreiben. Fühlt sich das Schlagen des Herzens ruhig an oder bewegt es deinen Körper, schlägt dir das Herz bis zum Hals oder im Bauch?
- **WAS IST DAS STÄRKSTE GEFÜHL?** Versuche, so gut es geht, der stärksten Emotion in diesem Moment einen Namen zu geben. Unangenehme Gefühle können zum Beispiel heißen: Wut, Ärger, Groll, Hass, Trauer, Schmerz, Schwere, Einsamkeit, Verschlossensein, Leere, Starrheit oder Verhärtung, Schwäche, Kleinsein, Hilflosigkeit, Ohnmacht, Scham,

Kopiervorlage

Datum, Tag und Zeit ....
....

Ort ....

Wer ist noch da? ....
....
....

Wie vergeht die Zeit? ....
....
....

Wie ist deine Haltung? Wie stehst du auf dem Boden? ....
....
....
....

Wie fließt dein Atem? ....
....
....

28 Wie funktioniert Energie?

Wie ist der Herzschlag? ....

....

....

Was ist das stärkste Gefühl? ....

....

....

Wie alt fühlst du dich innerlich? ....

Was sagen deine Gedanken? ....

....

....

....

Was sagst du dir selbst? ....

....

....

Wie ist die Energie? ....

....

....

Unterschiedliche Energiezustände 29

Schuldgefühl, Neid, Enge, Erstarrung, Nicht-Fühlen. Angenehme Gefühle können heißen: Freude, Leichtigkeit, Macht, Stärke, Weichheit, Sanftheit, Friede, Beweglichkeit, Geschmeidigkeit, Fülle, Geborgensein, Eingebunden- oder Verbundensein, Liebe, Offenheit, Neugier. Nimm, was dir spontan am passendsten erscheint.

- **WIE ALT FÜHLST DU DICH INNERLICH?** Nicht immer fühlen wir uns innerlich so alt wie wir wirklich sind! Manchmal fühlen wir uns viel älter. In schwachen Zuständen ist das meist mit Schwäche und Müdigkeit verbunden, in starken Zuständen mit Weisheit, Erfahrung und Abstand. Oder wir fühlen uns jünger: stark und jugendlich, kindlich übermütig, aber auch jugendlich verschämt oder klein und hilflos. Und gelegentlich fühlen wir uns wirklich genau so alt
- wie wir wirklich sind. Notiere einfach die Zahl der Jahre, die zu deinem inneren Gefühl passt.
- **WAS SAGEN DEINE GEDANKEN?** Notiere die Worte, die dir durch den Kopf gehen. Das sind die Gedanken. Im Gegensatz zu Gefühlen, die immer im Körper spürbar sind, machen sich Gedanken in Form von Sprache bemerkbar. Wenn du dir vorstellst, da würde jemand in deinem Kopf reden, sind die Gedanken das, was du belauschen kannst. Schreibe die wichtigsten davon auf, also jene, die den Zustand beschreiben oder verfestigen.
- **WAS SAGST DU DIR SELBST?** Stell dir vor, aus dem Zustand heraus, in dem du dich gerade befindest, würdest du dir eine Parole sagen, eine Botschaft, ein Credo. Notiere einen Satz, der die Nachricht von dir an dich selbst am besten beschreibt.
- **WIE IST DIE ENERGIE?** Schreibe auf, wie viel gefühlte Energie du hast. Am besten benutzt du dafür eine Skala von 0 bis 10. »0« bedeutet: überhaupt keine Energie, komplett leer. Und »10« bedeutet: Energie zum Bäume ausreißen. Mehr geht gar nicht!

Das Sinus-Prinzip

Nun gelingt es dir immer besser, genauer zu merken, in welchem Zustand du dich gerade befindest, und ob es ein starker oder ein schwacher Zustand ist.

Stell dir vor, mit deiner Energie verhält es sich wie mit den Punkten auf einer Sinus-Kurve oder den Wellen im Meer: entweder du bist oben oder du bist unten, oder du bist irgendwo dazwischen. Allerdings ist es jetzt nicht so, dass du wie eine Planke auf dem Meer mal nach oben gezogen wirst und dann wieder nach unten. Ganz im Gegenteil: Es ist durchaus möglich, dass du dich einen ganzen Tag, eine ganze Woche oder sogar einen ganzen Monat in einem Wellental befindest: umgangssprachlich ein Jammertal – ein Zustand, in dem es dir dreckig geht und aus dem du nur schwer wieder herauskommst. Es kann aber auch sein, dass du einen ganzen Tag, eine ganze Woche oder noch länger oben auf dem Wellenkamm surfst. Da fühlst du dich stark und frei – und kommst gut voran. Der, der unten im Wellental paddelt, muss dagegen viel Energie aufbringen, um über Wasser zu bleiben und kommt trotzdem kaum voran. Vielmehr ist es so, dass er dahin getrieben wird, wo die Strömung ihn hintreibt.

Wenn du nun die folgende Sinus-Kurve als Modell nimmst, kannst du dich überall auf dieser Kurve befinden. Ganz oben, ganz unten, irgendwo dazwischen. Und innerhalb kürzester Zeit kannst du von einem Punkt zum anderen springen. Schaltet sich bei dir ein Zustand, in dem du gerade warst, ab und ein anderer an, bist du auf der Kurve plötzlich ganz woanders.

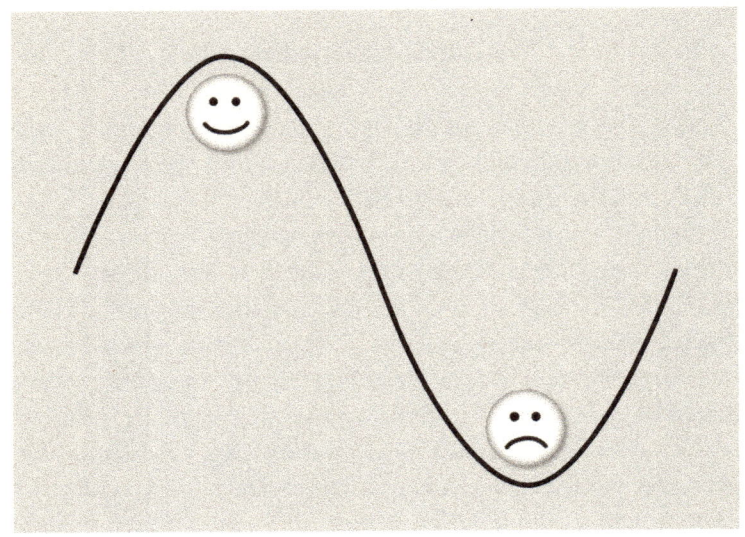

Wellenkamm und Tal

Nun schauen wir uns die Extreme mal genauer an, um herauszufinden, was es bedeutet, wenn du dich mit deinem Energiezustand an unterschiedlichen Punkten der Kurve befindest.

So geht es dir, wenn du im Tal strampelst:

- Du hast kaum Energie, fühlst dich schwach und bist von der kleinsten Anstrengung erschöpft.
- Du kannst dich kaum motivieren etwas zu tun, oder du tust etwas Destruktives, das dir oder anderen schadet.
- Deine Gedanken beschäftigen sich mit Negativem, vielleicht in einem Hamsterrad. Du hast den Eindruck, deine Gedanken bestimmen über dich und nicht anders herum.
- Du hast schmerzhafte, negative Gefühle oder fühlst gar nichts. Beispiele für negative Gefühle findest du in der Auflistung in der zweiten Übung.

- Du erinnerst dich ausschließlich an negative Erfahrungen – am leichtesten an solche, in denen du das gleiche Energieniveau hattest wie im Moment. Positive Erinnerungen sind verschüttet, du findest sie nicht.
- Du führst negative Selbstgespräche.
- Du kommst nur schwer mit anderen Menschen in Kontakt, du ziehst dich von ihnen zurück oder gerätst schnell mit ihnen in Streit.
- Du hast keine Verbindung zu deinen Stärken. Selbst wenn dich jemand an sie erinnert, kannst du nicht darauf zurückgreifen.
- Du hast keinen Kontakt zu deiner Kreativität. Wenn du zum Beispiel Künstler bist oder etwas schreiben sollst, gelingt dir das nicht. Es kommt »nichts raus«.
- Körperlich bist du schwach. Sportler bringen in diesem Zustand Leistungen, die weit unter dem liegen, was sie eigentlich können – auch wenn sie sich maximal anstrengen!

So geht es dir, wenn du auf dem Wellenkamm surfst:

- Du bist voll Energie, fühlst dich stark und bist sehr leistungsfähig. Du kannst Bäume ausreißen und erschöpfst dich trotzdem nicht.
- Du bist motiviert, das zu tun, was dir oder anderen guttut.
- Deine Gedanken fließen wie ein ruhiger Fluss. Sie beschäftigen sich überwiegend mit konstruktiven Dingen.
- Du erlebst angenehme Gefühle und fühlst dich sehr lebendig. Beispiele für diese positiven Gefühle findest du in der Auflistung in der zweiten Übung.
- Du erinnerst dich ausschließlich an positive Erfahrungen – am leichtesten an solche, in denen du das gleiche Energieniveau hattest wie im Moment.
- Du führst positive Selbstgespräche, die dich stärken und in denen du dich wertschätzt.

- Du kommst leicht mit anderen Menschen in Kontakt, und eure Begegnungen sind überwiegend positiv. Du kannst vielleicht sogar einen Konflikt vermeiden, wo der andere ihn anzettelt. Du fühlst dich in der Welt und unter den Menschen geborgen.
- Du bist mit deinen Stärken und Fähigkeiten gut verbunden und kannst sie nutzen. Sie sind einfach da. Du weißt, was du kannst und du tust es.
- Deine Kreativität fließt, du bist im Flow. In diesem Zustand schaffen Künstler ihre besten Werke.
- Körperlich bist du stark. Sportler bringen in diesem Zustand ihre Bestleistung oder wachsen sogar über sie hinaus.

Aus der Coaching-Praxis: Alice

Alice ist 35 Jahre alt. Sie hat sich in vielen Berufsjahren bei einem Finanzdienstleister hochgearbeitet und eine Position erreicht, in der sie einiges an Verantwortung trägt. Dort fühlt sie sich wohl. Als Alice schwanger wird, informiert sie ihre Chefin frühzeitig. Sie will nur ein Jahr pausieren. Die Firma sucht und findet eine Vertreterin für ihre Stelle. Doch als Alice sich elf Monate nach der Geburt ihres Kindes meldet, um ihren Wiedereinstieg zu besprechen, sagt man ihr, die alte Stelle sei noch nicht frei: Man habe damit gerechnet, sie würde noch weg sein. Außerdem könne sie doch sicher mit dem kleinen Kind nicht Vollzeit arbeiten? Doch, sagt Alice.

Nach exakt einem Jahr steht Alice wieder im Büro. Sie hat die Betreuung für ihren Sohn gut organisiert. Aber Alice bekommt ihre alte Stelle nicht wieder. Man sagt ihr, sie bekäme einen gleichwertigen Posten. Die neue Aufgabe stellt sich aber als anspruchslos und langweilig heraus. Alice bekommt zwar ihr altes Gehalt weiter, ist aber nicht mehr gefordert. Hat sie sich früher auf die Arbeit gefreut, muss sie sich nach kurzer Zeit täglich hinquälen. Und sie merkt bald: sie fühlt sich von Tag zu Tag erschöpfter, erschöpfter als jemals zuvor, obwohl sie gar nicht so viel tut. Sie hat nach Feierabend kaum mehr Energie für ihren Sohn, immer weniger Freude an seinen täglichen Fortschritten, streitet wegen Kleinigkeiten mit ihrem Mann und ist mit ihrem gesamten Leben immer unzufriedener. Sie steuert schnurstracks auf eine Depression zu. Und das, obwohl sie sich als positiven Menschen kennt, der anpackt und sich so schnell nicht unterkriegen lässt.

Zum Glück merkt Alice: Es muss sich etwas ändern. Deshalb sucht sie das Gespräch mit ihren Vorgesetzten. Sie möchte mehr Verantwortung und braucht wieder eine Herausforderung. Doch man hat kein Verständnis für sie. Die Stelle, die sie nun habe, sei gleichwertig, sie trage auch dort Verantwortung, und rechtlich sei das sowieso hieb- und stichfest. Aber man könne ihren Wunsch nach einem Wechsel notieren und würde sie informieren, wenn eine andere Stelle frei würde, die zu ihr passen könnte.

Ein halbes Jahr später hat Alice auf einer Familienfeier einen Nervenzusammenbruch, als ihre Schwiegermutter ihr erklärt, wie schön sie es doch habe, sich trotz Kind weiter beruflich verwirklichen zu können. Die Familie verlässt die Feier fluchtartig. Alice kann sich das ganze Wochenende über kaum beruhigen, sie zittert und schämt sich, sie ist mit sich im Unreinen, ihre Beziehung hat Schieflage bekommen, und sie kann ihr Leben, das sie sich so gewünscht hat, nicht mehr genießen. Diagnose am Montag beim Arzt: Burnout. Alice solle sich schonen, zwei Wochen Ruhe und dann vielleicht ein Halbtagsjob?

Aber Alice trifft eine andere Entscheidung: Sie kündigt und macht sich als freie Finanzberaterin selbstständig. Sie weiß: Mit ihrer Erfahrung kann sie das. Menschen helfen, ihre Finanzen zu ordnen und Vermögen aufzubauen, frei von Partnern und auf Honorarbasis. Die Menschen in ihrer Umgebung schlagen die Hände über dem Kopf zusammen. Eine Unternehmensgründung mit kleinem Kind und Burnout?

Doch Alice geht es schlagartig besser. Plötzlich ist sie wieder voller Energie. Sie startet. Und merkt: Es geht nicht einfach. Erst rufen keine Kunden an, dann hat sie eine erste Kundin, die aber die Rechnung nicht bezahlt, obwohl die Beratung erfolgreich war. Die schicken Kostüme passen ihr auch nicht mehr. Als Alice für eine »Motivationsspritze« zu mir ins Coaching kommt, ist ihre Energie wieder im Keller.

Durch ein paar konkrete Übungen gelangt sie während unseres Gesprächs wieder in einen höheren Energiezustand. Und hat plötzlich neue und gute Ideen, wie sie die Schwierigkeiten angehen und ihre Kundin freundlich zum Zahlen bewegen kann. Was vorher unlösbar schien, liegt nun machbar vor Alice. Was sie tun kann, ist ihr selbst eingefallen. Die einzige Voraussetzung dafür: Ein veränderter innerer Zustand, in dem sie Kontakt zu ihren Energiequellen und Ressourcen hat.

Während du liest, hast du sicher schon gemerkt, wie Alice durch verschiedene Energiezustände gewandert ist, oder? Als sie das erste Mal zu mir kommt, ist sie in einem sehr schwachen Zustand. Das hört man nicht nur – man sieht es auch. Und eine halbe Stunde später ist sie aufrecht, die Stimme klarer und lauter, die Sorgenfalten auf der Stirn sind verschwunden. Sie hat neue, gute Ideen im Kopf. Und ein klares Bewusstsein für alles, was sie trotz der Rückschläge schon erreicht hat. Sie hat einen Vortrag gehalten, der gut war, obwohl sie die Nacht davor nicht geschlafen hat – der Kleine hat gezahnt. Plötzlich hat sie die Idee, einen ehemaligen Kollegen anzurufen, der sich ebenfalls selbstständig gemacht hat. Der hat andere Schwerpunkte. Vielleicht können sie sich vernetzen? So kommt Alice innerhalb einiger Wochen in ihre Erfolgsspur. Sie lernt, ihre Energie zu steuern und braucht mich nach kurzer Zeit nicht mehr. Die schicken Kostüme, die ihr zu eng waren, hat sie weggeworfen, obwohl sie ihr nach einiger Zeit wieder gepasst haben. Die haben sie zu sehr an ihren alten Job erinnert. »Bad Vibrations«, lacht Alice. Warum sie damit den Nagel auf den Kopf getroffen hat, liest du im folgenden Kapitel.

Was Alices Beispiel zeigt: Sie ist durch verschiedene Energiezustände gegangen. Diese lassen die Realität in ihrem jeweiligen Licht erscheinen. Denn da ist auf der einen Seite alles, was wirklich geschehen ist, die Realität. Was davon aber bewusst wahrgenommen wird und das Fühlen und Handeln bestimmt, wird von Alices innerem Zustand bestimmt. Dieser funktioniert wie ein unbewusster Filter, der nur das durchlässt, was zu seiner Tönung passt. Alles andere wird automatisch aussortiert, bevor das Bewusstsein es überhaupt bemerkt.

Hätte ich Alice, anstatt ihr dabei zu helfen, in einen guten Zustand zu kommen, einfach nur Tipps gegeben, hätte ihr das nicht geholfen. Denn sie hätte gar nicht die Kraft gehabt, die Tipps umzusetzen – egal, wie gut sie gewesen wären! Als sie aber in einem Zustand guter Energie war, wusste sie selbst, was zu tun war. In unseren beiden weiteren Terminen haben wir nur noch die Gefühle der Enttäuschung gelöscht, die von der alten Stelle übrig waren. Die wurden immer wieder ausgelöst, wenn sie an ihrer alten Firma vorbei fuhr, und jedes Mal beamten sie Alice in einen Zustand schwacher Energie. Sobald wir das entkoppelt hatten, konnte sie gelassen auf die alte Firma schauen und brauchte mich nicht mehr.

Inzwischen arbeitet Alice erfolgreich und hat sich mit ihrer Idee gut etabliert. Die Zusammenarbeit mit dem ehemaligen Kollegen hat sich als Glücksgriff erwiesen.

Oben, unten und dazwischen

Alle Energiezustände, die du bei dir entdecken kannst, befinden sich irgendwo auf der Sinus-Kurve. Energiezustände, die man ganz oben auf dem Wellenkamm verorten würde, sind bei den meisten Menschen selten. Aber jeder kennt sie. Bist du frisch und glücklich verliebt, befindest du dich eine ganze Weile im Dauerhoch. Und auch in anderen Situationen erleben wir solche Zustände. Meistens bei Aktivitäten, die wir lieben und auf die wir uns ganz einlassen können.

Die gegenteiligen Zustände, die ganz unten im Wellental liegen, sind ebenfalls selten – wenn sie aber über längere Zeit anhalten, hast du dich in der Regel im Tal festgefahren. Und je länger du dich in diesem Tief befindest, umso schwerer kommst du aus eigener Kraft hinaus. So ging es Alice, als sie zu mir kam. Meist braucht es dann einen äußeren Auslöser, einen Tapetenwechsel, jemanden, der dir einen Tritt in den Allerwertesten gibt, oder eine einschneidende Erfahrung oder Veränderung in deinem Leben, die dich in einen anderen Energiezustand katapultiert. Auch eine Notlage, die dich aus dem Tal hinauszwingt, dir einen inneren Ruck gibt, kann die Situation verändern. Entweder krabbelst du dann die ersten Millimeter wieder nach oben und gewinnst dadurch nach und nach mehr Energie, oder aber der Ruck beamt dich sofort in einen anderen Zustand, mit dem es dir plötzlich recht leicht gelingt, dich aus dem Tal zu befreien. Dabei spielt es keine Rolle, ob der Impuls zur Veränderung an einen angenehmen Zustand gebunden ist. Er muss nur ausreichend Energie zur Verfügung stellen, damit du wieder handeln kannst.

Die meisten Zustände, in denen wir uns im Alltag befinden, befinden sich jedoch irgendwo zwischen Kamm und Tal. Du kannst dir das so vorstellen:

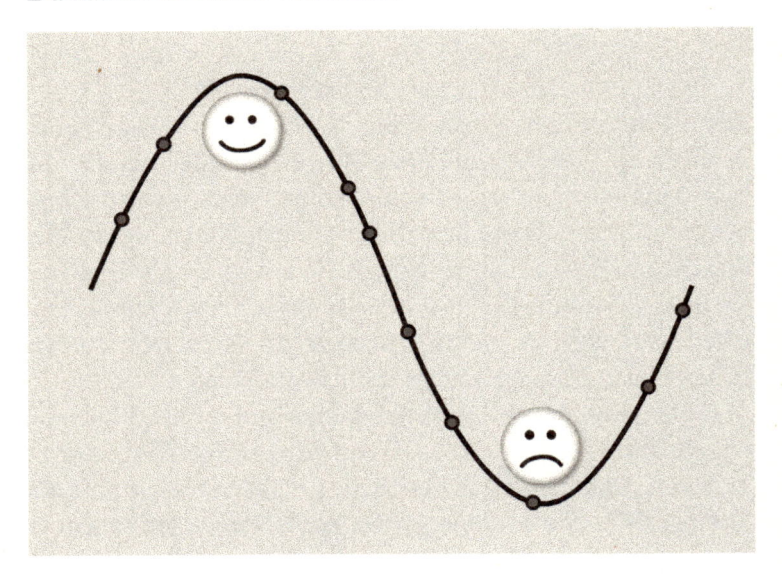

Manche Zustände stellen die gleiche Menge Energie zur Verfügung, unterscheiden sich aber in ihrer Qualität. Ganz oben auf dem Wellenkamm bist du zum Beispiel, wenn du glücklich verliebt bist. Aber auch, wenn du einen Marathon in der Zeit deines Lebens läufst. Oder wenn du dich beim Tanzen vollkommen der Musik hingibst und fast schwebst. Wenn du beim Arbeiten in einem Flow bist, hochkonzentriert. Diese Zustände unterscheiden sich sehr stark voneinander. Aber sie alle stellen dir für die Aufgabe, die gerade dran ist, eine große Menge Energie zur Verfügung.

Dabei ist nicht für jede Situation der gleiche Zustand passend. Stell dir vor, du sollst einen Marathon laufen und bist im Zustand des Verliebtseins: Dann könnte es passieren, dass du irgendwann stehen bleibst und träumerisch in die Landschaft schaust, mit dir und dem Leben vollkommen zufrieden. Es geht also, wenn du das Kommando über deine Energiezustände übernimmst, nicht ausschließlich darum, wie viel Energie du gerade zur Verfügung hast – sondern auch darum, wozu sie dich befähigt.

Du kannst dir das vorstellen wie mehrere übereinander gelagerte Kurven. Auf jeder davon kannst du dich an unterschiedlichen Stellen befinden.

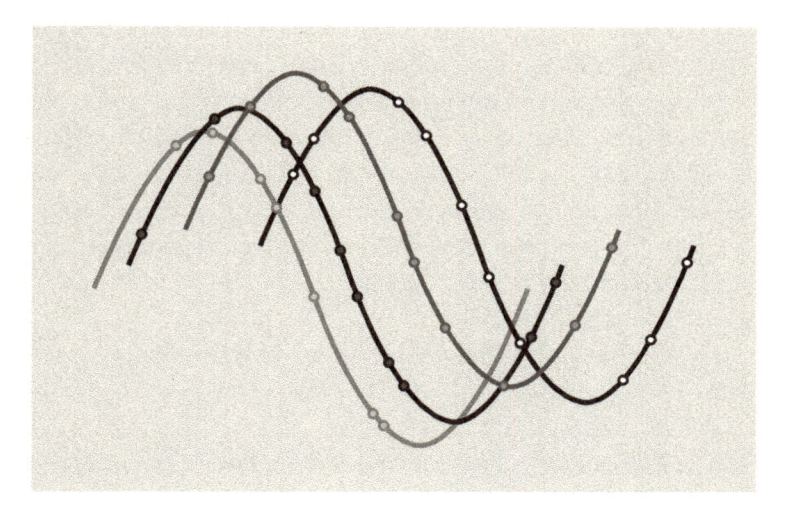

Viel Energie haben heißt nicht, dass sie auch schnell weg ist

Wenn wir im Alltag normalerweise nicht auf dem Wellenkamm surfen, sondern uns irgendwo zwischen Kamm und Tal befinden, ist das in der Regel auch in Ordnung so. Der überwiegende Teil der Aktivitäten, denen wir uns widmen, erfordert es nicht, dass wir immer zu einhundert Prozent dabei sind.

Erledigen wir zum Beispiel gerade eine Routinearbeit, beispielsweise Hemden bügeln, dann ist es nicht nötig, dass wir währenddessen einen Flow erleben und das Hemd so knitterfrei bügeln wie noch nie zuvor. Es reicht, wenn das Hemd überwiegend glatt herauskommt; und dass wir uns während des Bügelns mit etwas anderem beschäftigen, uns vielleicht sogar Sorgen um etwas machen, hat auf den Zustand des gebügelten Hemdes keine großen Auswirkungen. Anders ist es, wenn wir ganz unten im Tal sitzen. Denn dann kann es durchaus passieren, dass wir so stark in unseren Gedanken verfangen sind, dass wir einen Moment lang vergessen, was wir gerade tun, das Bügeleisen stillsteht und das Hemd dabei Schaden nimmt. Aber diese Fälle sind selten. Bügeln erfordert für jemanden, der das bereits kann, nur einen geringen Energieeinsatz.

Deshalb kommen die meisten Menschen im Alltag gut zurecht, ohne zu wissen, wie sie Energiezustände steuern und auslösen können.

Nun könnte man natürlich anmerken, dass sich die unterschiedlichen Energiezustände sehr wohl auch unterschiedlich auf unser alltägliches Handeln auswirken können. Bleiben wir beim Bügeln: Befindet man sich in einem Zustand sehr hoher Energie, wird man es mit mehr Freude tun, danach keineswegs erschöpft sein, sondern gut gelaunt, selbst wenn man das

Bügeln an sich nicht sehr mag. Und auch am Abend, wenn sich der gute Zustand auf weitere Routinetätigkeiten ausgedehnt hat, ist man viel weniger erschöpft als an anderen Tagen.

Der Aufenthalt in Zuständen, die viel Energie zur Verfügung stellen, führt nämlich keineswegs dazu, dass wir unsere Energie schnell verbrauchen und die Speicher deshalb schneller leer sind. Das Gegenteil ist der Fall: Befinden wir uns oben auf der Welle, spüren wir mehr Energie, machen etwas damit und haben trotzdem noch viel Energie übrig! Andersherum ist es genauso: Sitzen wir im Tal, tun wir fast nichts, und das, was wir tun, erledigen wir mit großer Mühe. Aber selbst, wenn wir uns in einem solchen energetischen Zustand den ganzen Tag lang schonen, sind wir abends nicht etwa erholt, sondern weiterhin schwach und unzufrieden. Woran das liegt, darum geht es im folgenden Kapitel.

Für mentale Energie gibt es keinen Akku

Mentale Energie folgt anderen Gesetzen als körperliche Energie. Betrachten wir die Unterschiede mal genauer.

Körperliche Energie ist an die Gesetze der Materie gebunden. Wir können nur so viel Energie verbrauchen, wie wir durch unsere Nahrung zu uns genommen haben. Unsere Muskeln können nur so lange Leistung bringen, wie sie die dafür nötige Energie zur Verfügung haben. Wir können unsere Muskeln trainieren, um ihre Kapazität zu erhöhen. Sind sie dann aber erschöpft, können wir nicht weitermachen. Ein ungeübter Sportler schafft es nicht, einen Marathon zu laufen – egal, wie gut er sich mental eingestellt hat. Die positivsten Gedanken helfen ihm nicht weiter, wenn die Muskulatur versagt. Und auch ein geübter Läufer hält keinen Marathon durch, wenn er nicht vorher das Richtige gegessen hat, während des Laufens ausreichend trinkt und immer wieder hochkalorische Nahrung zu sich nimmt, um den Muskeln ausreichend Glukose zur Verfügung zu stellen.

Körperliche Energie folgt also sehr klaren Gesetzen: Wir haben eine bestimmte Menge zur Verfügung und können auch in einem gewissen Maß Energie nachfüllen. Wenn sie dann aber verbraucht ist, ist die Energie weg. Der Körper benötigt außerdem ausreichend Pausen, die der Entspannung oder dem Schlaf gewidmet sein müssen, damit er seine Akkus wieder auffüllen kann.

Diese Zusammenhänge sind uns so in Fleisch und Blut übergegangen, dass wir uns darüber keine Gedanken machen. Ja, wir haben sie so sehr verinnerlicht, dass wir das Prinzip ohne weiter darüber nachzudenken auch auf die mentale Energie übertragen. Wir gehen ganz selbstverständlich davon aus, dass es sich mit der mentalen Energie genauso verhalten muss wie mit der körperlichen. Dass es also eine bestimmte Menge davon gibt, die wir verbrauchen können, und wenn sie weg ist, müssen wir uns erholen, um die Akkus wieder aufzufüllen. Vielleicht sind wir sogar der Meinung, dass sich die mentale Energie von der körperlichen gar nicht unterscheidet. Dass sie sich aus den gleichen Akkus speist und vom Füllstand der körperlichen Energie abhängig ist.

Denn wie sollte man sonst verstehen, dass Menschen, die ausgebrannt sind, fast immer geraten wird, sich zu erholen? Wer mutlos ist oder unter Ängsten leidet, bekommt in der Regel den Rat, erst einmal eine Zeit lang zu Hause zu bleiben – wie bei einer Grippe, die erfahrungsgemäß besser wird, wenn man sich ein paar Tage ins Bett legt, Tee und Vitamin C zu sich nimmt und sich ansonsten möglichst wenig bewegt.

Nun zeigt die Erfahrung aber, dass Menschen, die sich seelisch in einem Energietal befinden, von dieser Art der Erholung kaum profitieren können. Haben sie sich ein bisschen aufgerappelt und gehen wieder zur Arbeit, sind sie oft innerhalb weniger Tage erneut erschöpft. In solchen Fällen spricht man meistens von geringer Belastbarkeit, und wenn sich das Ganze mehrere Male wiederholt, rät man zu einer Kur. Aber ist das wirklich der richtige Weg?

Manchmal braucht man Abstand vom Alltag, um kritisch zu überprüfen, ob das Leben, das man gerade führt, noch zu einem passt. Es kann ja sein, dass man sich längst weiterentwickelt hat und deshalb im Job seit geraumer Zeit am falschen Platz ist. Dann sind die Erschöpfungszustände vielleicht der Anstoß, den man braucht, um sich aufzuraffen, um etwas Neues zu suchen. Möglicherweise fasst man nun auch den Mut, etwas ganz anderes zu tun, was man sich vielleicht noch gar nicht wirklich zutraut, woran man aber merkt, dass es richtig ist. Für solche Einsichten und Veränderungen ist eine Pause gut und wichtig.

Viel häufiger aber ist eine wiederkehrende Erschöpfung gar nicht die Ursache, dass man am falschen Platz ist. Sie ist vielmehr das Ergebnis davon, dass man sich zu häufig in Zuständen niedriger Energie aufhält und deswegen auch die normalen Anforderungen nicht gut bewältigen kann. Man fährt nur mit halber Kraft, braucht aber mehr, um die tägliche Strecke zu bewältigen. In einer solchen Situation ist eine Pause, eine Auszeit nicht wirklich hilfreich. Denn sie bringt zwar etwas Erholung von der täglichen Selbstüberforderung, führt aber nicht zu einer Veränderung derselben. Ganz im Gegenteil: erlebt jemand über längere Zeit, dass er durch die täglichen Pflichten ausgelaugt ist oder gar in einen Burnout schlittert, hört er häufig den Rat, die Stelle zu wechseln, Verantwortung abzugeben oder weniger zu arbeiten.

Nicht wenige Familien sind dadurch in einen Zustand existenzieller Not geraten. Hat man gerade ein Haus gebaut, kann man nicht einfach Teilzeit arbeiten. Und häufig gehen Menschen wegen Erschöpfung aus Tätigkeiten heraus, die sie eigentlich lieben, die ihnen Erfüllung und Bestätigung gebracht haben. Langfristig führt das zu immer neuen Problemen, neuer Unzufriedenheit, und nicht selten ist es der Beginn einer langen Spirale nach unten.

Was wäre stattdessen der richtige Weg? Du ahnst es schon: Immer dann, wenn wir merken, dass eine Tätigkeit uns schnell erschöpft, verbrauchen wir mehr Energie, als uns gerade zur Verfügung steht. Das liegt aber meistens nicht daran, dass wir zu viel verbrauchen, sondern daran, dass wir zu wenig Energie haben. Schauen wir auf die Sinus-Kurve, könnte das etwa so aussehen:

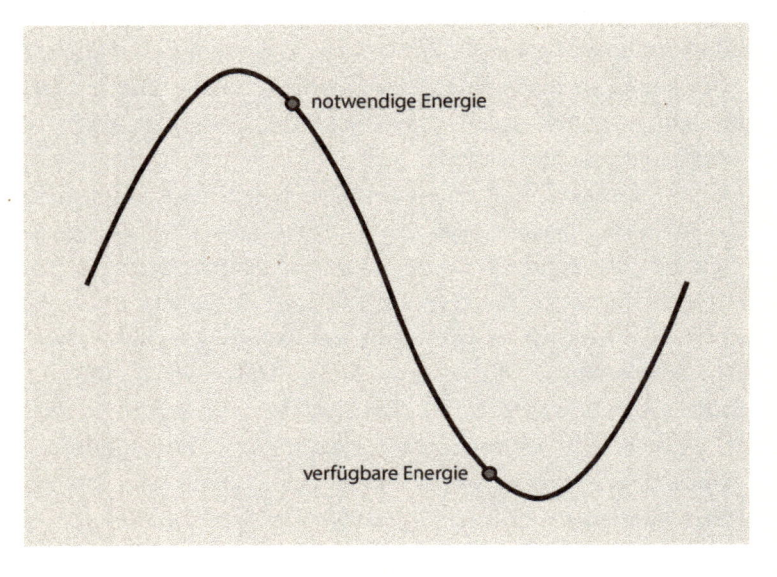

Aus dieser Perspektive stellt sich die Frage ganz anders, nämlich: »Wie kann ich lange genug Pause machen, bis die Energie wieder am Soll-Punkt ist?«, statt: »Wie komme ich in einen Zustand, in dem ich das Soll mühelos erfüllen kann?«

Erinnerst du dich an meine Erfahrung mit den Einkaufstaschen? Übertragen auf diese Situation lautet die Frage: »Wie kann ich trotz Post vom Finanzamt in einem Zustand bleiben, in dem mir das Gewicht der Taschen keinen Muskelkater verursacht?« Das wollen wir uns nun genauer anschauen!

Was kannst du tun, wenn du dich auslaugst oder immer wieder in Täler rutschst?

Im folgenden Beispiel spreche ich von Erschöpfung aufgrund der Energiezustände bei der Arbeit. Bitte übertrage das auf deine eigene Situation. Es kann sein, dass es bei dir anders ist, dass die Situationen, in denen du deine Energie verlierst, ganz andere sind: Der tägliche Trott zu Hause oder mit den Kindern, dein Haushalt, eine Pflegesituation, in der du dich befindest, der Umgang mit einer Erkrankung, die du hast, oder vielleicht Treffen mit deiner Familie, nach denen du viel Zeit brauchst, um dein Selbstbild wieder geradezurücken. Halte dich also nicht zu sehr am Text fest, sondern übertrage das Beispiel dahin, wo es für dich hilfreich ist. Möglicherweise stößt du dabei auf eine Situation, die sich fast täglich wiederholt. Wenn das nicht der Fall ist, suche dir eine aus, die du nur hin und wieder erlebst. Beides ist gut.

Du hast schon damit begonnen, aufmerksam zu beobachten, in welchen Energiezuständen du dich im Lauf der Tage befindest und kannst sie immer genauer voneinander unterscheiden. Wärst du nun die Person, die durch ihre Arbeit immer wieder in intensive Erschöpfung gerät, könntest du ab sofort genau dort sehr aufmerksam sein: In welchem Moment beginnt der erste Zustand, in dem du in eine schwache Energie gerätst? Schon beim Aufstehen am Morgen, wenn du weißt, dass du arbeiten gehen wirst? Oder auf dem Weg zur Arbeit? Und an welcher Stelle genau? Was löst die Schwächung aus? Ist es ein Ort, deine Berufskleidung, ein bestimmter Gedanke oder der Anblick deines Arbeitsplatzes? Gerätst du jeden Tag in den gleichen Zustand oder sind es verschiedene? Hängt es vielleicht von der Art der Aufgaben ab oder von den Personen, mit denen du gerade zusammenarbeitest? Gibt es Konflikte oder Unausgesprochenes, mit dem du konfrontiert wirst und das dich schwächt? Machst du dir im Hinblick auf deinen Arbeitsplatz irgendwelche Sorgen, oder zweifelst du an deinen Fähigkeiten? In welchem Moment spürst du, dass deine Energie wegkippt?

Auch eine andere, ebenso wichtige Frage ist zu beantworten: Gibt es Situationen oder Momente, in denen deine Energie schlagartig ansteigt? In denen du dich plötzlich wieder stark, kompetent, frei oder froh fühlst?

Im ersten Schritt gilt es das erst einmal klar zu bemerken und zu dokumentieren. Schließlich ist es wichtig, dass du bewusst merkst, woran sich entscheidet, ob du in einem starken oder schwachen Zustand landest. Erst wenn du das weißt, kannst du erfolgreich entscheiden, wie du am besten vorgehen kannst. Für welche Situationen brauchst du einen anderen Zustand als den, in dem du dich dort bisher befunden hast? Welche Umstände lösen immer einen negativen Zustand bei dir aus, welche Umstände führen dazu, dass deine Energie verschwindet, als würde man die Luft aus einem Ballon lassen?

Veränderte Energiezustände kannst du auch daran erkennen, dass du dich plötzlich auf eine ganz bestimmte Weise hinterfragst oder dich durch Gedanken quälst, die du in anderen Situationen nicht hast.

Sobald du dir ein genaues Bild darüber gemacht hast, worauf du reagierst und wodurch und wie oft sich deine Energiezustände verändern, kannst du beginnen, das gezielt zu modifizieren.

Bemerkst du, dass du in bestimmten Situationen abrutschst, aber in anderen in einer guten Energie bist, überlege, wie du dich für die erstgenannten Situationen in einen besseren Zustand bringen kannst. Probiere dafür alle möglichen Auslöser von guten Zuständen aus, die du in Kapitel 2 kennenlernen wirst. Gehe ganz unvoreingenommen an diese Vorschläge heran. Manche Punkte werden dir vielleicht seltsam vorkommen. Das liegt wahrscheinlich daran, dass du sie bisher nicht genutzt hast. Probiere sie ein paar Mal aus und entscheide erst dann, ob sie dir gefallen und ob sie funktionieren.

Ist deine Energie dann niedrig, wenn du vor ganz bestimmten Herausforderungen stehst, verhalte dich genauso: Nutze die für dich passenden Anregungen aus Kapitel 2, um dich für genau diese Herausforderungen zu stärken. Und zwar ab dem Moment, in dem sie dich zu belasten beginnen. Das kann schon einige Tage vor dem eigentlichen Ereignis der Fall sein.

Sind es konkrete Menschen und die konkrete Begegnung mit ihnen, die deine Energie in den Keller rutschen lassen, wirst du in Kapitel 3 erfahren, warum das so ist. Mithilfe der Vorschläge aus diesem und dem 5. Kapitel lernst du dann, auch in Anwesenheit von Menschen, die in einer niedrigen Energie stecken, stark zu bleiben und sie dadurch vielleicht sogar mitzureißen – nach oben!

Möglicherweise führt auch ein bestimmtes Verhalten anderer Menschen – das kann zum Beispiel ein Tonfall oder eine bestimmte Art von Kritik sein – dazu, dass du im Tal landest. Dann nutze vor allem auch die Techniken aus Kapitel 5, die dir zeigen, wie du negative Trigger löschen kannst. Trigger sind Faktoren, die etwas auslösen, vergleichbar mit einem Finger, der bei dir einen Knopf drückt. Ganz wichtig dabei: Der Knopf ist deiner. Der Finger aber nicht immer. In Kapitel 5 lernst du, wie du diese Knöpfe abbaust, sodass andere weniger Möglichkeiten bekommen, in dir Reaktionen auszulösen, die dir nicht guttun und die du gar nicht möchtest.

Hast du den Eindruck, ständig zu weit unten auf der Kurve zu hängen und überhaupt nicht hoch zu kommen, es sei denn, du hast drei Wochen Urlaub am Stück und bist weit weg von allem, beginne sofort, das Powerfeld-Modell aus dem 4. Kapitel zu nutzen, um deine seelische Energie zu stärken. Denn in diesem Fall ist deine Welle geschwächt, du hast zu lange mit zu wenig Energie gewirtschaftet. Das Powerfeld-Modell hilft dir dabei, wieder in Balance zu kommen und das Maximum deiner verfügbaren Energie zu erhöhen. Das ist ganz besonders dann wichtig, wenn du ein Leben führst, das dich in vielerlei Hinsicht fordert und dir nicht immer viel Zeit für Regeneration lässt. Dazu reicht es oft schon, dass du Familie und einen anspruchsvollen Job hast, was ja mittlerweile fast selbstverständlich ist. Mithilfe des Powerfeld-Modells kannst du erreichen, dass sich deine Energie langfristig vermehrt und du alle Aufgaben gut unter einen Hut bekommst, und zwar mit guter Laune und ohne dich zu erschöpfen.

Aus der Coaching-Praxis: Roland

Roland ist Abteilungsleiter in einem Metall verarbeitenden Unternehmen. Seine Arbeit macht ihm eigentlich großen Spaß. Er hat sich hochgearbeitet, ist ein Mann der Tat, er beherrscht die Abläufe in der Fertigung, die er nun koordiniert und beaufsichtigt, perfekt und mag die Mitarbeiter, mit denen er täglich zu tun hat. Dennoch fühlt er sich immer häufiger ausgelaugt. Ein Kollege ist kürzlich wegen Burnouts in eine Klinik gekommen. Das hat ihm Angst gemacht: »Nicht, dass mir das auch passiert!«, sagt er, als er ins Coaching kommt.

Rolands Zustand ist insgesamt nicht gut. Er fühlt sich bei der Arbeit nicht wohl, aber auch zu Hause geht es ihm nicht gut. Sogar, wenn er an den Wochenenden unterwegs ist, ist er innerlich nicht richtig dabei. Nur wenn er mit seinen alten Freunden wandert, gibt es seltene Momente, in denen er sich wieder frei und voller Kraft fühlt. Aber diese Momente gehen schon nach einigen Augenblicken vorbei und sind in den letzten Monaten noch seltener geworden.

Während wir Rolands Situation in den letzten Monaten untersuchen, stellt sich heraus, dass er insgesamt recht kraftlos ist. Außerdem leidet er sehr stark in seiner Beziehung. Die ist eigentlich glücklich, denn seit einigen Jahren ist er mit Sonja zusammen, seiner Traumfrau. Aber Sonja hatte vor zwei Jahren einen schweren Unfall und erlebt seitdem immer wieder schlimme Krisen. Nachdem sie körperlich größtenteils genesen ist (durch einen komplizierten Schulterbruch ist eine kleine Bewegungseinschränkung geblieben), scheint eine posttraumatische Belastungsstörung zurückgeblieben zu sein. Sonja erlebt häufig starke Angst, wenn sie im Auto unterwegs ist. Deshalb haben die beiden Ausflüge mit dem Auto eingeschränkt, fahren häufiger Zug oder sind an den Wochenenden zu Fuß oder mit dem Fahrrad unterwegs. Aber Sonja verfällt auch häufig ohne ersichtlichen Grund in Zustände großer Verzweiflung oder Anspannung, in denen sie nur sehr schwer zu beruhigen ist. Das bricht Roland schier das Herz. Er wünscht sich nichts sehnlicher, als dass sie wieder ihre frühere Leichtigkeit und Lebensfreude zurückgewinnt. Wenn es Sonja schlecht geht, spürt er inzwischen sehr deutlich, wie auch er den Boden unter den Füßen verliert und sich hilflos und unglücklich fühlt.

Was Roland schildert, erleben viele Menschen, die jemanden lieben, dem es häufig schlecht geht: irgendwann fühlen sich beide mies. Sie sind in ihrem Jammertal zwar nicht alleine, weil ja zu zweit, aber sie kommen auch nicht heraus. Solche Situationen verbrauchen enorm viel Energie, und man fühlt sich ständig schwach.

Folgenden Plan macht Roland im Coaching: Zuerst kümmert er sich mithilfe des Powerfeld-Modells um eine bessere Balance in seinem täglichen Alltag, um sich insgesamt wieder zu stärken. Dann soll er lernen, ganz bewusst einen starken Zustand herzustellen und zu halten, wenn es Sonja schlecht geht. Dahinter steckt folgende Idee: Wenn beide keine Energie haben, kann keiner dem anderen helfen. Wenn Ronald aber viel Energie behält und sie keine hat, kann er Sonja echten Trost und Geborgenheit und Sicherheit schenken und ihr dadurch dabei helfen, auf der Kurve wieder nach oben zu kommen. Außerdem gebe ich ihm die Adresse einer kompetenten Kollegin mit, die Sonja dabei helfen kann, von ihrem Trauma zu genesen. Denn auch das ist wichtig, damit beide wieder ein normales Leben führen können.

Nach vier Wochen geht es Roland bereits viel besser. Er hat seinen Alltag etwas umgebaut und kümmert sich intensiv um die Bereiche im Powerfeld, die in den letzten Monaten zu kurz gekommen sind. Geht es Sonja schlecht, rutscht er immer noch mit ihr ab. Aber insgesamt fühlt er sich schon wohler und stärker, und sogar seine Arbeit macht ihm wieder Spaß. Wenn er mit seinen Freunden unterwegs ist, fühlt er sich endlich wieder freier und genießt die Wanderungen, macht Scherze mit ihnen und kann seine Sorgen dabei komplett vergessen.

Nun zeige ich Ronald, wie er mithilfe der Mittellinien-Klopftechnik dahin kommen kann, dass er nicht mehr so stark mitleidet, wenn es Sonja schlecht geht. Auf diese Weise bleibt er stabil und kann sie leichter zu sich hinaufziehen. Außerdem wird er an seiner Haltung arbeiten. Er hat nämlich beobachtet, dass sie sich stark verändert, wenn er an langen schweren Abenden mit Sonja leidet. Er wird sich aufrichten. Darüber hinaus möchte Ronald abends künftig nicht mehr in seinem alten Jogginganzug durch die Wohnung laufen, obwohl der sehr bequem ist. Doch dieses Kleidungsstück verbindet Ronald sehr stark mit den schwierigen Abenden, deswegen hat er sich einen neuen gekauft, der besser sitzt und eine kräftige Farben hat: Ein helles Grün mit blauen Streifen. Darin fühlt er sich ganz anders, aufrechter.

Innerhalb der beiden folgenden Monate gelingt es Roland, komplett aus seinem Tief auszusteigen. Neben den Veränderungen seiner Körperhaltung und seiner Kleidung hat er es sich noch angewöhnt, für Sonja und sich an Tagen, an denen es ihr nicht gut geht, Apfeltee zu kochen. Den haben beide während eines verliebten und sorgenfreien Urlaubs in der Türkei kennengelernt. Der Tee bewirkt auch bei Sonja, dass sie heiterer ist und nicht mehr ganz so weit abstürzt. Trotzdem beginnt sie kurz danach mit ihrer Therapie, um von ihrem Trauma zu genesen. Die beiden haben die Kurve bekommen.

Aus der Coaching-Praxis: Ayda

Ayda ist 25 Jahre alt, sie hat BWL studiert und arbeitet in einem mittelständischen Unternehmen. Zu ihren Aufgaben gehört es, Projektpräsentationen zu machen: Innerhalb der Firma in einer Planungsgruppe, zu der auch ihre unmittelbaren Vorgesetzten gehören, und extern bei Kunden. Ayda kommt ins Coaching, weil sie unter schlimmem Lampenfieber leidet. Schon während des Studiums hat sie vor Präsentationen immer schlecht geschlafen, und sogar in der Schulzeit ging es ihr immer schlecht, wenn sie nach vorne musste. Sie hat diese Situationen zwar meistens ganz gut gemeistert, sich aber nie daran gewöhnt. Noch heute fühlt Ayda sich wie ein Schulkind, das schüchtern vor der ganzen Klasse steht und nur mühsam die richtigen Worte findet. Sie stirbt jedes Mal gefühlt tausend Tode. Dass sie nun ausgerechnet einen Arbeitsplatz gefunden hat, an dem sie solche Situationen so häufig erlebt, ist natürlich hart. Gleichzeitig gefällt ihr die Stelle, und sie hofft im Unternehmen auf gute Karrieremöglichkeiten. »Und«, meint Ayda verschmitzt, »vielleicht lerne ich ja jetzt endlich einmal ohne Angst zu präsentieren. Schließlich habe ich mich jetzt aus freien Stücken dazu entschieden.«

Wir krempeln die Ärmel hoch. Zum Glück muss Ayda so häufig präsentieren, dass wir ausreichend Gelegenheit haben, etwas auszuprobieren und gleich zu prüfen, wie es wirkt. Ein paar Wochen lang feilen wir an ihrer Vorbereitung für die Präsentationen. Dann haben wir die richtige Kombination an positiven Auslösern zusammen:

- Ayda nimmt am Abend vor der Präsentation ein Bad in der Wanne. Das entspannt sie perfekt, sodass sie schnell einschlafen kann. In der Wanne genießt sie ein Lavendelschaumbad. Sie liebt den Duft von Lavendel und findet ihn absolut beruhigend. Er macht sie zuversichtlich.
- Vor dem Bad geht Ayda mit Freunden ins Kino. Sie liebt Filme und sieht sie sich am liebsten im Kino an. Bisher hätte sie sich das an dem Abend vor einer wichtigen Präsentation aber niemals erlaubt. Stattdessen hat sie sich bisher an solchen Abenden noch einmal in ihre Unterlagen vertieft, um optimal vorbereitet zu sein. Darauf verzichtet sie jetzt. Fachlich ist sie eh fit genug.
- Sie hat sich ein Herrenparfum gekauft. Sie kennt es von einem Kollegen, dessen Art zu präsentieren sie bewundert. Sobald sie dieses Parfum aufträgt, hat sie ihn vor Augen, und das Gefühl, sie kann seine Fähigkeiten »abzapfen«, stellt sich ein. Ayda benutzt dieses Parfum nur an Tagen, an denen sie präsentiert. Sie fühlt sich damit selbstbewusst, erwachsen und kompetent.
- Kurz vor der Präsentation denkt sie noch einmal an ihren Kollegen

und stellt sich vor, sie würde in seine Haut schlüpfen. Sofort verändert sich ihre Haltung, Ayda fühlt sich freier und sicher.
- Hat sie bisher bei Präsentationen hohe Absätze getragen, weil sie klein ist, zieht sie nun Schuhe an, die zwar einen eleganten kleinen Absatz haben, in denen sie aber das Gefühl hat, stabil zu stehen und gut geerdet zu sein.

Zum ersten Mal in ihrem Leben hat Ayda nun echten Spaß am Präsentieren! »Wow!«, sagt sie. »Jetzt habe ich ja ganz andere berufliche Möglichkeiten!« Und dabei stellt sie sich schon vor, wie sie künftig auch vor größeren Gruppen präsentieren kann – frei wie ein Fisch im Wasser. Dabei strahlt sie wie die Sonne. Die Veränderung wirkt für Ayda wie ein Quantensprung.

Auf einen Blick: Mentale Energiezustände

Wenn unsere mentale Energie einen Akku hat, funktioniert der nicht wie normale Akkus. Er hat keine bestimmte Füllung, die wir innerhalb einer gesetzten Zeit verbrauchen können, sondern seine Füllung variiert immer mit dem Zustand, in dem wir uns gerade befinden. Praktisch bedeutet das: Wenn wir jetzt gerade einen leeren Akku haben, können wir etwas tun, das dazu führt, dass der Akku in Sekundenschnelle wieder ganz voll ist und wir voller Energie!

Je mehr wir uns in Zuständen aufhalten, in denen wir einen so vollen Akku haben, umso leistungsfähiger, glücklicher, kreativer, freier und gelassener leben wir!

Je häufiger wir uns aber in Zuständen aufhalten, in denen wir kaum Energie haben, umso weniger Einfluss haben wir auf unser Leben, und umso mehr mühen wir uns auch mit kleinen Herausforderungen ab.

Die Grenzen der mentalen Energie befinden sich dort, wo sie an die körperlichen Grenzen stoßen. Bist du im Arbeitsflow und dein Körper wird müde, weil du schon seit 18 Stunden unentwegt deinem Schaffensdrang folgst, bewährt es sich, wenn du dein Gähnen ernst nimmst und ins Bett gehst. Der Körper schickt seine Signale ja zum Glück mit großer Beharrlichkeit, sodass du keine Gefahr läufst, dich zu überfordern, wenn du auf der Welle surfst, solange du diese Signale wahrnimmst und befolgst. Wo die Grenzen deiner körperlichen Belastbarkeit sind, hängt von deiner Konstitution ab, deinem Alter, deinem Gesundheitszustand und deiner körperlichen Fitness. Ist diese schlecht, verhilft auch die höchste Welle nicht immer zu Höchstleistungen. Deshalb findest du in Kapitel 5 auch einen Abschnitt zu Powerfood, und auch im 4. Kapitel über das Powerfeld sind viele Hinweise zur körperlichen Gesundheit enthalten.

Jede Minute, die du künftig einsetzt, um deine Energiezustände zu lenken und deine mentale Energie insgesamt zu mehren, wird hundertfach belohnt werden!

2
Wie du Energiezustände gezielt auslöst

Jetzt fragst du dich vermutlich, was genau du tun kannst, um deine Energiezustände bewusst zu beeinflussen. Darum geht es in diesem Kapitel, und du wirst sehen, dass grundsätzlich fast alles dazu führen kann, dass in dir ein bestimmter Energiezustand ausgelöst wird. Häufig geschieht das durch äußere Faktoren, wie du sicher schon bemerkt hast, wenn du dabei bist, deine Wahrnehmung darauf zu richten. Aber auch persönliche Faktoren führen dazu, dass du in bestimmte Zustände gelangst, ohne dich bewusst dafür zu entscheiden.

Persönliche Auslöser können sein:

- Bewegungen oder Körperhaltungen,
- Erinnerungen,
- Vorstellungen,
- Gedanken,
- spezifische biochemische Zustände,
- Handlungen.

Äußere Auslöser können sein:

- Geräusche und Töne, ganz besonders Musik,
- alle Gerüche,
- dein Outfit,
- Bilder und Fotos in deiner Umgebung,

- Essen und Trinken,
- Gegenstände in deiner Umgebung,
- Personen,
- Licht.

In den folgenden Abschnitten findest du immer wieder Platz zum Schreiben. Nutze ihn! Denn theoretisches Wissen alleine reicht nicht. Damit du künftig immer gezielter Auslöser von energievollen Zuständen nutzen kannst, musst du sie so gut parat haben, dass du sie auch in einem Zustand findest, in dem es dir gar nicht gut geht. Du erinnerst dich sicher daran, dass gerade im Tal der Zugang zu deinem Wissen und deinen positiven Fähigkeiten oft verschüttet ist. Das führt dazu, dass du dich dann, wenn du es am nötigsten bräuchtest, an die Auslöser für gute Zustände gar nicht mehr erinnerst!

Wenn du aber weißt, dass sie hier in deinem Buch stehen, reicht es, das Buch aufzuschlagen, und schon wirst du fündig. So kannst du die positiven Auslöser nicht nur nutzen, um dich damit auf kommende Ereignisse optimal vorzubereiten, sondern auch, um dich aus Tälern zu beamen, in denen du dich verfangen hast – genauso wie der Baron von Münchhausen sich am eigenen Schopf aus dem Moor zieht. Was körperlich pure Flunkerei ist, funktioniert mental ganz fabelhaft. Also los!

Musik

Auch wenn du nicht besonders musikalisch bist oder selbst keine Musik machst – sicher hast du schon einmal die Erfahrung gemacht, dass Musik deine Stimmung beeinflusst. Bestimmt gibt es ein paar Musikstücke oder Stilrichtungen, die du überhaupt nicht leiden kannst. Stell dir vor, du würdest genau diese Musik einen ganzen Tag lang hören müssen. Was passiert? Genau: du rutschst wahrscheinlich in einen Zustand, der mit aggressiven Tendenzen und niedriger Energie verbunden ist.

Andersherum funktioniert es genauso. Ich bin sicher, du hast schon einmal beim Radiohören lauter gedreht, weil ein Stück lief, das du toll fandest. Und genau hier kannst du ansetzen: Bitte beobachte künftig sehr genau, welche Musikstücke besonders unmittelbar und schnell eine Veränderung in deinem Gefühl verursachen. Ist es eine positive Veränderung, nimm sie sofort auf deine Liste. Unterscheide dabei auch gleich, welcher Art diese positive Veränderung ist und was sie von dir will. Lädt sie dich dazu ein, herunterzufahren? Macht sie dir Lust auf Bewegung? Macht mit ihr das Staubsaugen oder Hemdenbügeln plötzlich Spaß? Erleichtert sie eine bestimmte Arbeit, weckt sie versöhnliche Gefühle, wenn du wütend bist, oder setzt sie kreative Ideen frei? Ermutigt sie dich, stärkt sie dich vor Herausforderungen, die du fürchtest? Hilft sie dir, eine Aufgabe anzugehen, vor der du dich schon eine Weile drückst? Macht sie einen schönen freien Tag noch perfekter?

Die folgende Liste vervollständige bitte immer wieder. Wenn du zu Hause, bei der Arbeit oder beim Autofahren häufig Radio hörst, rate ich dir dazu, das Buch mitzunehmen, damit du die Liste gleich zur Hand hast, wenn ein Musikstück kommt, das einen positiven Effekt auf dich hat. Übrigens musst du dich nicht ausschließlich auf Musik festlegen. Ich kenne eine Frau, die im Urlaub an einer Steilküste das Brüllen der Wellen mit dem Handy aufgenommen hat und die diese Geräusche immer wieder hört, wenn sie sich aus einer stressigen Situation kurz herausbeamen möchte. Und obwohl die Aufnahme schlecht ist, fühlt sie sich nach ein paar Sekunden frisch und erholt und hat wieder einen klaren Kopf – wie damals in der Bretagne. Und ich weiß auch von einem älteren Herrn, der mit sich und der Welt im Reinen ist, sobald er den Sound einer Harley-Davidson hört. Schau mal auf YouTube:

Da findest du unzählige Aufnahmen davon! Auch solche Töne gehören in deine Liste, wenn sie etwas mit dir machen und zahlen in unserem Fall in die Kategorie »Musik« ein.

Notiere in deinem Notizbuch, welche Musik dich

- entspannt, damit du dich erholst oder gut abschalten kannst;

....

- gut einschlafen lässt, wenn du nach einem anstrengenden Tag nicht zur Ruhe kommst;

....

- an Zeiten in deinem Leben erinnert, in denen du kraftvoll und erfolgreich warst, sodass du an diese Gefühle anknüpfen kannst;

....

- anspornt, eine schwierige oder unangenehme Aufgabe anzugehen;

....

- anderen gegenüber stark und selbstsicher macht;

....

- wieder aufbaut, wenn du einen Rückschlag erlebt hast;

....

Musik

- tröstet;

....

- kompetent und selbstbewusst macht;

....

- eine gute Mahlzeit oder einen romantischen Abend noch mehr genießen lässt;

....

- konzentriert macht, sodass du effizient arbeiten kannst;

....

- dabei unterstützt, den Haushalt mit Schwung und Tempo zu erledigen;

....

- beim Sport ganz energiegeladen und leistungsfähig sein lässt und in den Flow bringt (falls das für verschiedene sportliche Herausforderungen verschiedene Musikstücke sind, notiere sie auch separat);

....

- mit Energie auffüllt, sodass du morgens gut in den Tag startest;

....

- kreativ sein lässt (wenn das für verschiedene kreative Aufgaben verschiedene Musikstücke sind, notiere auch diese separat voneinander).

Hier kannst du alles notieren, was für dich in weiteren Situationen wichtig ist, die in deinem Leben eine Rolle spielen:

....

....

....

Sobald du einen groben Überblick bekommen hast, fange an, die wirkungsvollsten Musikstücke in deine Sammlung einzufügen: lade sie dir herunter, kaufe dir die CDs und bringe sie in eine sinnvolle Ordnung, damit du sie gleich griffbereit hast, wenn du sie brauchst. Nicht durcheinander, sondern schon sortiert nach den Situationen, in denen du sie künftig nutzen möchtest. Du kannst eine Playlist für den Morgen erstellen, die du im Auto hörst, während du zur Arbeit fährst. Eine andere, die du beim Joggen nutzt und eine weitere, die dich beim Krafttraining stärker macht. Eine, mit der sich deine Füße beim Tanzen wie von selbst bewegen. Eine weitere, die du hörst, wenn du innerhalb kürzester Zeit zur Ruhe kommen möchtest, oder eine, die du anhörst, wenn du schwierige Aufgaben bei der Arbeit zu erledigen hast.

Düfte

Düfte spielen eine entscheidende Rolle, wenn es um unser Selbstgefühl geht. Sie wirken über das limbische System auf unser Gehirn. Unbemerkt von unserem Bewusstsein versetzen sie uns in Entspannung, höchste Konzentration, in erotische Stimmung oder in Alarmbereitschaft. Wenn du bedenkst, dass Düfte in früheren Zeiten eine extrem wichtige Rolle bei der Orientierung und beim Bemerken von Gefahren gespielt haben, ist das logisch. Für unsere Vorfahren war es überlebensnotwendig, ein Raubtier oder auch einen Waldbrand schon frühzeitig zu bemerken. Menschen, die in der Natur aufgewachsen sind und ihren Geruchssinn geschärft haben, können anhand des Geruchs der Luft am Morgen recht gut voraussagen, welches Wetter bevorsteht. Diese instinktive Fähigkeit hat unseren Vorfahren über Jahrtausende das Überleben gesichert. Auch wenn wir unseren Geruchssinn heutzutage viel seltener gezielt einsetzen, als wir das früher einmal getan haben, ist er als grundlegende Fähigkeit nach wie vor vorhanden und versorgt uns unablässig mit unbewussten Informationen.

Von zentraler Bedeutung ist dabei die Frage, welche Erfahrungen wir in unserer persönlichen Vergangenheit mit bestimmten Gerüchen gemacht haben. Ich habe kürzlich eine ganz verrückte Erfahrung gemacht: Auf dem Rand meiner Badewanne stehen immer mindestens fünf verschiedene Duschgels. Zwei davon sind immer da, weil sie ganz bestimmte Zustände auslösen. An manchen Tagen probiere ich aber auch gerne eins aus, das einen ganz anderen Duft hat. So habe ich vor einiger Zeit einmal ein Duschgel gekauft, dessen Geruch mich vage an meine Kindheit erinnerte, ohne dass ich sagen konnte, woran genau ich dachte, wenn ich es benutzte. Jedes Mal, wenn ich es verwendete, kamen mir Szenen von früher in den Sinn: das Spielen im sommerlichen Garten, die Wohnung, in der wir lebten, bis ich zehn war, die Nachbarskinder, mit denen ich täglich spielte. An einige von ihnen hatte ich jahrelang nicht gedacht. Und so sehr ich mir auch den Kopf zerbrach, was so gerochen hatte wie dieses Duschgel, ich kam nicht darauf. Bis die Flasche fast leer war. Da traf es mich auf einmal wie ein Blitz: das Duschgel roch genauso wie eine ziemlich eklige Glibberpaste namens »Slime«, mit der wir als Kinder in einem heißen Sommer im Garten gespielt hatten. Ich hatte diese Paste wegen ihrer schleimigen Konsistenz sehr geliebt, auch oder gerade weil meine Eltern sie ganz fürchterlich fanden. Das war der Geruch! Nicht wirklich angenehm, wenn man es nüchtern und rational betrachtet. Aber in ihm versteckten sich für mich die schönsten Kindheitserinnerungen an Freiheit und unbesorgtes fröhliches Spielen. Allein der Geruch hatte mich in den Zustand von damals zurückbefördert, einfach so, unter der Dusche!

Diese Begebenheit zeigt: Wir reagieren auf Gerüche nicht mit dem Verstand, sondern reflexartig. Diese Wirkung ist so stark, dass sich ihr kaum jemand entziehen kann. Besser also, sie zu nutzen!

Notiere dir in den folgenden Zeilen alle Gerüche und Düfte, die besondere und positive Gefühle in dir auslösen. Das können natürliche Düfte sein, wie der von Zitronen oder Kaffee, Blütenduft oder der Geruch einer bestimmten Landschaft. Und auch künstliche Düfte wie die von Kosmetik und Parfums. Schnuppere an Menschen, die etwas tun, was du bewunderst und die dir sympathisch sind, oder frage sie nach ihrem Parfum, wenn du eins an ihnen riechst, das dir besonders gut gefällt. Und notiere im Notizbuch, welche Gefühle jeder dieser Gerüche bei dir auslöst.

....

....

....

....

....

Outfit

Dieser Abschnitt, in dem es um die äußere Erscheinung mit all ihren Facetten geht, richtet sich beileibe nicht nur an Frauen. Auch Männer können davon profitieren, wenn sie sich Gedanken um Äußerlichkeiten machen, nutzen das aber meist seltener als Frauen. Das fängt schon damit an, wie viele Paar Schuhe Männer und Frauen im Vergleich im Schrank stehen haben. Oder wie häufig sie ihre Frisur wechseln. Nun mögen Männer denken, klar, ist ja auch logisch. Mit langen Haaren kann man eben mehr anfangen als mit einer Kurzhaarfrisur, die vielleicht dazu noch in der Mitte bereits etwas dezimiert ist. Aber Männer können genauso gut wie Frauen mit Farben spielen und sich dazu noch einen Bart zulegen. Der kann unterschiedlichste Formen annehmen und den Look sehr stark verändern. Beide Geschlechter haben gleichermaßen die Möglichkeit, an ihrem Äußeren zu feilen. Und seitdem sich die Herrengarderobe, die in den Geschäften angeboten wird, nicht mehr ausschließlich auf bedeckte Farben beschränkt, können auch Männer viel mehr Farbe tragen als noch vor einigen Jahren.

Richten wir also unsere Aufmerksamkeit auf die unterschiedlichen Bestandteile unserer äußeren Erscheinung.

Kleidung

Schau in deinen Kleiderschrank. Das heißt, öffne nicht einfach nur die Türen, sondern schau gründlich und aufmerksam hinein. Vielleicht hängt so viel darin, dass du es innerhalb einer Woche gar nicht tragen kannst. Vielleicht ist er sogar so voll, dass du gar keinen richtigen Überblick mehr über deine Kleidung hast und deshalb automatisch immer zu den gleichen Sachen greifst. Wenn das so ist, lies bitte den folgenden Abschnitt. Ist aber alles übersichtlich und passt dir der gesamte Inhalt deines Kleiderschrankes noch, kannst du die folgende Anleitung überspringen und gleich beim nächsten Abschnitt weiterlesen.

Schnelle Entrümpelungsanleitung

Du hast nun also festgestellt, dass in deinem Kleiderschrank Chaos herrscht und du keinen richtigen Überblick mehr hast. Räume alle Kleidungsstücke heraus und sortiere diejenigen aus, von denen du sicher weißt, dass sie dir schon lange nicht mehr passen. Manchmal sind das solche, die du getragen hast, als du mehr gewogen hast als heute. Tu sie weg. Du brauchst sie nicht mehr. Häufiger sind es aber solche, die zu eng geworden sind. Sie zu sehen, löst unangenehme Gefühle aus: Erinnern wir uns doch, wie schön es war, sie zu tragen und werden uns gleichzeitig schmerzhaft der Tatsache bewusst, dass sie gerade nicht passen. Gerade sehr figurbewusste Menschen befördern sich durch diesen Anblick allmorgendlich schnurstracks ins energetische Tal. Wenn du meinst, du könntest sie bald oder eines besseren Tages noch einmal tragen und sie würden dir dann auch noch gefallen, lege sie in einen Karton, den du sofort gut beschriftet auf den Speicher beförderst.

Wenn nicht, stecke sie in einen Sack und bring sie zum Container oder in den Second-Hand-Shop. Mit allen Kleidungsstücken, die dir schlicht nicht mehr gefallen, verfahre ebenso.

So, nun hast du schon einen besseren Überblick!

Schau dir nun die restliche Kleidung genau an. Wenn ich dich frage: Was davon ziehst du an einem Tag an, an dem du total deprimiert bist – welche Kleidungsstücke fallen dir dann spontan dazu ein? Lege sie zur einen Seite, auch wenn es viele sind.

Betrachte jetzt den Rest sehr genau. Was davon ziehst du an, wenn es dir richtig gut geht, wenn du dich selbstbewusst und froh fühlst? Wenn du dich so wohl fühlst, dass nicht einmal ein Orkan dich umpusten kann? Lege diese Sachen auf die andere Seite.

Und die übrigen Kleidungsstücke lass in der Mitte liegen. Mache das Gleiche mit deiner Unterwäsche und allen Accessoires.

Nun liegen drei Stapel vor dir.

Vergegenwärtige dir noch einmal den Unterschied zwischen den guten Tagen, an denen du auf dem Wellenkamm unterwegs bist, und den ganz schlechten, an denen du mühsam im tiefen Tal paddelst, um nicht unterzugehen. Sicher ist dir dabei nicht immer bewusst, was passiert, wenn du vor dem Kleiderschrank stehst und dich entscheidest, was du anziehen wirst. Die Auswahl treffen wir nämlich in der Regel »nach Gefühl«. Sind wir in einer starken Energie, greifen wir automatisch nach Kleidungsstücken, die zu diesem Zustand passen. Sind wir in einem miserablen Zustand, greifen wir automatisch zu jenen Kleidungsstücken, die diesen Zustand unterstreichen, die uns unsichtbar machen und mit unserer trüben Laune harmonieren. So weit, so gut?

Nein! Denn es ist nicht nur so, dass die Wahl unserer Kleidung unseren aktuellen Zustand beschreibt und nach außen hin zeigt. Das könnte man ja noch gelten lassen, denn warum sollte man seiner Umgebung nicht zeigen, wie man sich fühlt? »Aha, Claudia hat heute den grünen flauschigen Pulli an, sie ist also in sanfter, freundlicher Stimmung. Dann kann ich sie ja um einen Gefallen bitten.« Oder: »Oje, Claudia hat den grauen Schlabberpulli an. Lieber lasse ich sie heute in Ruhe und frage sie morgen.« Fühlst du dich ein klein wenig ertappt? Liegen auch auf deinem Stapel der Miese-Tage-Klamotten eher unförmige und dunkle Sachen, solche, die vielleicht schon etwas älter sind und mit Sicherheit bequem, die aber nichts hermachen?

Gut, dann kommen wir zum nächsten Schritt. Denn deine Kleidung zeigt nicht nur, wie es in dir aussieht, wenn du sie »nach Gefühl« auswählst. Sie wirkt auch auf deinen Zustand zurück. Konkret bedeutet das: Wenn du morgens in etwas hineinsteigst, dass gut zu einem Niedrigenergiezustand passt, wird genau dieses Outfit genau diesen Zustand den ganzen Tag über befeuern. Es ist wie bei der Henne und dem Ei. Das eine bewirkt das andere, in ewigem Kreislauf. Und steigst du an einem Super-Tag in die Kleidung, die dazu passt, wird genau diese Kleidung bewirken, dass der Super-Zustand bleibt. Eine andere Henne, ein anderes Ei, das gleiche Prinzip.

Was also tun? Schnapp dir den Schlechte-Tage-Stapel und entsorge ihn augenblicklich und komplett, ohne lange nachzudenken!

Geschafft? Gut! Nun einige Worte zu deiner Beruhigung. Ja, es stimmt: Du wirst an schlechten Tagen erst einmal etwas ratlos vor deinem Kleiderschrank stehen, weil nichts darin hängt, wonach du spontan greifen kannst und das sich richtig anfühlt. Du wirst etwas anziehen müssen, das sich erst einmal falsch anfühlt. Du wirst dich ein bisschen verkleidet fühlen und zu Recht denken, dass dein Äußeres nicht zu deinem inneren Zustand passt.

Dieses Phänomen nennt man »kognitive Dissonanz«. Sie ist nicht leicht auszuhalten.

Hintergrundwissen: Kognitive Dissonanz

Mit dem Begriff Kognition meinen Psychologen in der Regel das Denken, allerdings in einem etwas umfassenderen Sinn als dem, in dem ich das Wort bisher hier verwendet habe. Zu den kognitiven Fähigkeiten der Menschen gehört nicht nur das, was wir uns zu den Dingen denken, die wir erleben, sondern auch die Wahrnehmung an sich, die Aufmerksamkeitslenkung, also das, worauf wir achten oder eben auch nicht, der Prozess des Lernens und des Behaltens, des Erinnerns, innere Selbstgespräche und Argumentationen, unsere Vorstellungen, seien sie bildhaft oder an andere Sinne gekoppelt, wie auch der Bereich des Denkens, der mit logischen Prozessen wie dem Rechnen oder Planen beschäftigt ist. Auch unser Glauben und unsere Überzeugungen gehören in den Bereich unserer Kognitionen. Sogar Gefühle haben in diesem Bedeutungszusammenhang einen kognitiven Anteil. Da kommt eine Menge zusammen!

Natürlich haben auch unsere Energiezustände vielfältige kognitive Bestandteile. Deshalb können wir für ihre Regulierung die kognitive Dissonanz einsetzen wie einen kleinen Schlüssel, mit dem sich auch schwere Kerkertüren öffnen lassen!

Der wichtigste Grundsatz im Reich unserer Kognitionen ist folgender: Die unterschiedlichen Kognitionen können negativ oder positiv sein. Wichtig ist aber, dass sie in sich harmonisch sind. Anders gesagt: sie müssen zusammenpassen, ein einheitliches Bild ergeben. Wenn das nicht der Fall ist, fühlen wir uns schlecht und versuchen alles Mögliche, um diese Harmonie wiederherzustellen. Solange das nicht gelingt, sprechen wir von kognitiver Dissonanz. Sie wirkt wie ein Sandkorn im Schuh, das so lange nervt und schmerzt, bis wir es entfernt haben. Oder wie eine brummende Fliege im Schlafzimmer, die uns, obwohl sie klein und eigentlich unbedeutend ist, komplett den Schlaf rauben kann. Nur dass im Fall der kognitiven Dissonanz das Schlafzimmer unser Kopf ist.

Was die kognitive Dissonanz im Alltag mit uns veranstaltet, zeige ich dir am besten anhand einer typischen Situation:

Stell dir vor, du hast einen Arbeitskollegen, der in jeder Hinsicht ein absolutes Charakterschwein ist. Er benimmt sich unfreundlich, lästert hinter dem Rücken der Kollegen über sie, schleimt sich bei den Vorgesetzten ein, ändert seine Meinung genau nach der Windrichtung und ist nicht im Ansatz vertrauenswürdig. Dieser Kollege ist verheiratet und hat zwei Kinder. Eines Tages triffst du ihn völlig überraschend auf einer Demo für die Rechte der Frauen. Was wirst du denken? Na, ganz ehrlich? Genau! Vermutlich nicht: »Aha, der hat also auch gute Seiten«, sondern eher: »Soso, da hat ihn sicher seine Frau mitgeschleppt. Mit der will er es sich nicht verscherzen. Wenn die wüsste ...« Denn ein Bild des Kollegen, der einerseits Kampfegoist ohne Moral ist und andererseits ein emanzipierter Mann, das würde eine kognitive Dissonanz auslösen: Es passt in deinem Weltbild nicht zusammen. Deshalb interpretiert unser Kopf das Gesehene gleich im Sinne des Bekannten. Das passiert meistens ganz unbewusst, sodass wir uns die Frage einer möglichen Dissonanz erst gar nicht stellen müssen, quasi in vorauseilendem Gehorsam. Leider ist damit überhaupt nicht gesagt, dass unser Bild der Realität entspricht. Denn die Frage, ob das, was wir glauben, auch der Wirklichkeit entspricht, ist unseren Kognitionen in diesem Fall völlig egal. Natürlich halten wir uns in der Regel aber selbst für jemanden, dem es sehr wohl etwas bedeutet, sich für die »Wahrheit« zu interessieren. Deshalb sind wir auch davon überzeugt, dass der Kollege »wirklich« so ist, wie wir ihn sehen, um der Dissonanz zu entgehen. Wir finden auch gleich noch ein paar Argumente, mit denen wir erklären, warum seine Beteiligung an der Demo nichts weiter ist als ein zusätzlicher Beweis für seine üblen Beweggründe.

Trägst du nun also Kleider, die perfekt zu einem energievollen Zustand passen, obwohl du dich gar nicht in so einem Zustand befindest, entsteht genauso eine kognitive Dissonanz.

Der erste Impuls ist dann, die Sachen sofort wieder auszuziehen und in diejenigen zu schlüpfen, die zu deiner aktuellen Stimmung passen. Weil du die aber (hoffentlich!) bereits entsorgt hast, ist das nicht mehr möglich, und du musst die Dissonanz eine Zeit lang aushalten. Wie eine Fliege, die um dein Ohr herum summt.

Zum Glück kann unsere Psyche sie nicht gut ertragen und sucht deshalb nach Wegen, die lästige Fliege zu beseitigen. Wenn das – und jetzt sind wir wieder bei dem Inhalt deines Kleiderschranks – nicht über den kurzen Weg des Umziehens geht, wählt sie notgedrungen den längeren Weg: Sie verändert deinen Zustand, damit er zu deiner Kleidung passt. Ist das nicht wunderbar? Während du dich anfangs verkleidet fühlst, wirst du dich nach einiger Zeit genau richtig fühlen mit den Sachen, die du anhast. Nicht weil sie sich verändert haben, nein, DU hast dich verändert! Denn du bist in einen Zustand gewechselt, der zu deiner Garderobe passt!

In aller Kürze: Schlüpfe nie wieder in Kleidung, zu der du an einem schlechten Tag reflexartig greifen würdest. Ziehe stattdessen ganz bewusst die Kleidung an, in der du dich wohlfühlen würdest, wenn du in genau dem Zustand wärst, den du gerade am besten gebrauchen könntest.

Schuhe

Was für deine Garderobe gilt, gilt natürlich auch für Schuhe, und für sie ganz besonders. Nicht durch Zufall hat Aschenputtel den Glanz einer Prinzessin erst durch ihre Schuhe erlangt – Schuhe machen Leute, nicht nur Kleider. Und das schreibe ich nicht, um meinen eigenen Schuhtick zu rechtfertigen!

Es geht nicht darum, immer das Paar Schuhe zu tragen, das dir optisch am allerbesten gefällt – bewahre! Möglicherweise würdest du dir darin die Füße innerhalb kürzester Zeit komplett ruinieren. Und mal ganz ehrlich: In High Heels einen

Berg besteigen? Nicht wirklich, da ziehst du wohl doch am besten die alten Wanderschuhe an. Hast du mit denen schon ein magisches Gipfelerlebnis gehabt, läuft es sich in ihnen besonders gut. Schnürst du sie dir ganz bewusst zu, tragen sie dich weiter als ein neues Paar mit allen Finessen.

Die Wahl deiner Schuhe spielt immer dann eine ganz besondere Rolle, wenn du in einer bestimmten Situation Selbstvertrauen brauchst oder eine ganz besondere Ausstrahlung haben möchtest. Ich habe zum Beispiel ein Paar Schuhe, das ich fast immer dann anziehe, wenn ich einen Vortrag halte. Schon nach drei Stunden tun mir darin die Füße weh. Dennoch fühle ich mich, bereits während ich in diese Schuhe schlüpfe, als würde ich beginnen zu strahlen. Nichts ist besser für eine überzeugende Performance auf der Bühne! Weshalb sollte ich das nicht nutzen? Selbst wenn ich nicht optimal geschlafen habe oder viel zu tun hatte, bringe ich in diesen Schuhen immer meine bestmögliche Leistung. Zu anderen Terminen trage ich diese Schuhe nur selten, es sei denn, der Zustand, der mich auf der Bühne trägt, ist genau der, den ich an diesem speziellen Tag brauche.

Dagegen ziehe ich es während eines Coachings vor, barfuß zu sein. Weil das nur im Sommer geht, wenn der Boden warm genug ist, trage ich in der kalten Jahreszeit meistens gemütliche Schlappen. Die sehen zwar nicht besonders repräsentativ aus, aber ich komme damit in den Zustand, in dem ich das Beste geben kann und die besten Coaching-Ergebnisse erziele.

Ein Paar meiner Schuhe eignet sich optimal für Reisen. Nicht hübsch, aber praktisch und leicht. In ihnen bin ich schon kilometerweit durch fremde Städte und Landschaften gelaufen. Sobald ich diese Schuhe aus dem Schrank hole, fühle ich mich frei und beweglich. Sie sind schon ziemlich alt und überhaupt nicht schick, aber lieber lasse ich die Sohle erneuern, als diese wunderbaren Treter zu entsorgen! Bis ich ein Paar finde, das für diese Rolle genauso gut geeignet ist.

Nimm wieder dein Notizbuch zur Hand und überlege: Welche Schuhe aus deinem Schrank bringen dich in welche Zustände? Besitzt du welche, mit denen du dich unschlagbar fühlst? Solche, in denen du in beruflichen Situationen besonders gut verhandeln kannst? Stehen in deinem Regal Schuhe, in denen du auf Reisen kilometerweit laufen kannst und dich frei und abenteuerlustig fühlst? In welchem Paar fühlst du dich unwiderstehlich oder auf ganz besondere Weise selbstbewusst? Und besitzt du Schuhe, die dir in schwierigen Situationen Sicherheit geben, sodass du weniger Angst hast, oder Schuhe, die dich an eine bestimmte frühere Erfahrung erinnern, die dir Kraft gibt? Nimm dir Zeit, wirklich alles aufzulisten. Und vielleicht möchtest du dafür ja auch einmal alle Schuhe aus deinem Schrank herausnehmen, sie nacheinander kurz anziehen und beobachten, wie du dich darin fühlst und in welchen Situationen du sie am liebsten tragen würdest? Vielleicht merkst du dabei auch: Für bestimmte Situationen fehlen dir noch Schuhe. Zeit für eine Einkaufstour!

....

....

....

....

Haare

Ja, die Haare. Wer kennt das nicht: Schlecht aus dem Bett gekommen, der Tag hat blöd angefangen, und dann beim Blick in den Spiegel diese schrecklichen Haare, die in alle Richtungen abstehen. Sie in Form zu bringen erfordert deutlich mehr Zeit, als gerade zur Verfügung steht. Was also tun wir in einem Talsohlen-Zustand? Richtig: die Haare werden schnell nach hinten gekämmt, zu einem Zopf gebunden oder mit ein paar Klammern aus dem Weg gesteckt und fertig.

Schluss damit! Jeder Tag ist es wert, dass du ihm mit einem selbstbewussten Äußeren entgegentrittst. Auch wenn du dich noch gar nicht danach fühlst. Denn was nicht ist, soll schließlich noch werden.

Wenn die Haare, wie es manchmal heißt, wirklich der Spiegel der Seele sind, spricht umso mehr dafür, sich ihnen gerade an einem schlechten Tag aufmerksam zuzuwenden. So wie auch dein Outfit spiegeln sie einerseits aus dir hinaus – aber genauso in dich hinein. Wie du dich mit deinen Haaren fühlst, wirkt nach innen und führt zu Zuständen, die dem Energieniveau entsprechen, das deine Frisur ausdrückt.

Du weißt ja: Auch hier hilft dir an schlechten Tagen die quälende kognitive Dissonanz!

Egal, ob du lange oder kurze Haare hast: Es lohnt sich, ihnen immer viel Aufmerksamkeit und gute Pflege zukommen zu lassen. Nutze sie als wichtigen Kanal, um dich innerlich zu stärken. Denn sind sie einmal schön, dann wirken sie den ganzen Tag!

Hast du den Eindruck, deine Frisur stammt aus einer Zeit, die du eigentlich schon hinter dir gelassen hast oder aber endlich hinter dir lassen möchtest, lege dir einen neuen Schnitt zu. Es ist an der Zeit! Denn wer sein Leben lang mit dem gleichen Haarschnitt und dem immer gleichen Gesichtsschmuck herumläuft, ist bestenfalls berechenbar. Er verspielt aber das Potenzial, das mit einer Veränderung einhergeht. Nicht umsonst sagt man über Frauen, man könne an einer neuen Frisur erkennen, dass sie sich verändert haben. Das stimmt. Kluge Frauen nutzen das sogar bewusst und ändern ihre Frisur, damit sie sich leichter verändern können und über alte Begrenzungen hinaus finden. Männer können das genauso gut tun. Und warum nicht auch einmal mit einem Bart experimentieren? Oder den alten Bart verändern oder wegrasieren? Probieren ist kein großes Risiko – denn der alte Zustand ist nach kurzer Zeit wieder hergestellt.

Natürlich kannst du auch mit deiner Körperbehaarung experimentieren. Finde heraus, wie du dich am stärksten fühlst, in der stärksten Energie!

Accessoires

Schmuck, eine besondere Brille, deine Uhr – überall findet sich hier Spielraum für Botschaften an dich selbst. Hast du ein Schmuckstück geerbt, das dir etwas bedeutet, von einem Menschen, an dem dir etwas liegt? Trage es, wenn du dir den Beistand dieses Menschen wünschst und seine Kraft nutzen möchtest.

Nicht immer ist der schönste Schmuck der beste. Wie auch bei den anderen Facetten deines Aussehens gilt: Genau der ist richtig, der dich in dem Zustand ankommen lässt, den du gerade brauchst.

Make-up

Ein ganz wichtiges Thema, nicht nur für Frauen! Für die natürlich besonders, weil sie mit Lippenstift und Nagellack die Möglichkeit haben, in viele verschiedene Häute zu schlüpfen. Beobachte einmal, was es mit dir macht, wenn du dich eher dezent schminkst oder auffällig oder mal eine Lippenstift-Farbe verwendest, die du noch nie vorher ausprobiert hast. Laufe einen ganzen Tag damit herum, um das anfängliche Gefühl der Befremdung zu verlieren und der Farbe die Chance zu geben, dir ihre Wirkung zu zeigen. Du kannst sogar ganz bewusst für bestimmte Situationen neue Farben auswählen. Wenn du dich nur ungern schminkst, kannst du Nagellack verwenden – ganz egal, ob du dir damit die Fußnägel oder die Fingernägel lackierst, oder vielleicht auch nur einen einzigen Nagel, der für dich damit aber eine ganz besondere Bedeutung bekommt.

Das könnte dann zum Beispiel so aussehen: Stell dir eine Frau vor, die hochschwanger eine Freundin besucht, um gemeinsam einen Kaffee zu trinken. Sie setzt sich ächzend auf einen Sessel, um gleich darauf von der Freundin, einer schönen, stolzen Frau, die selbst mehrfache Mutter ist, aufgefordert zu werden, ihre Schuhe auszuziehen und die Füße auf einen Hocker zu legen. Die Freundin duldet keine Widerrede. Sie verlässt kurz den Raum und kommt mit einem Fläschchen edlen dunklen Nagellacks zurück, mit dem sie die Fußnägel der Hochschwangeren lackiert. Die schüttelt den Kopf, möchte aber keinen Streit anfangen. Mal ganz ehrlich: Wer kümmert sich schon ein paar Tage vor der anstehenden Entbindung darum, ob die Nägel schön lackiert sind? Da spielen ganz andere Dinge eine Rolle: Ist das Kinderbettchen fertig, sind ausreichend Windeln da, ist alles für die Zeit nach der Geburt vorbereitet? »Wenn dein Kind auf die Welt kommt, soll es einen schönen Anblick haben und gebührend begrüßt werden«, meint die Freundin unbeirrbar, während sie den letzten Nagel lackiert.

Wenige Tage später ist es dann so weit: Unter der Geburt, während heftiger Wehen, sieht die Gebärende immer wieder ihre dunkelroten Fußnägel. Im Kreissaal des sterilen Krankenhauses wirken sie erst einmal völlig deplatziert. Aber kaum zu glauben: Der Anblick tut gut. Die Geburt ist schmerzhaft und dauert lange, sie ist anstrengend. Aber die Gebärende reißt sich zusammen, richtet sich innerlich auf, atmet tief, spürt ihre Kraft, erinnert sich an ihre Würde und bringt eine halbe Stunde später ihr Kind so zur Welt, dass sie sich hinterher stolz fühlt und gestärkt.

Natürlich haben nicht die Fußnägel die Geburtsarbeit geleistet. Sie haben aber mit dazu beigetragen, dass genau der

Zustand eintrat, der optimal durch die Strapazen der Geburt führte. Selbstbewusst und stark.

Deshalb nutze die Möglichkeiten, die die Kosmetik dir bietet. Wenn du möchtest, verziere deinen Körper auch mit Farben, aber verzichte möglichst auf Tattoos. Stell dir vor, du verknüpfst eines Tages etwas Schwächendes damit – dann wirst du sie nur schwer wieder los. Dazu kommen mögliche gesundheitliche Risiken. Nutze lieber die aufgemalten Tattoos, die nach ein paar Wochen von alleine wieder verschwinden.

Haltungen

Körperhaltungen haben einen sehr großen Einfluss auf das Selbstgefühl und die Zustände, in denen wir uns befinden. Verglichen mit den bisher angesprochenen Aspekten, bei denen die Auslöser ganz persönlich, also individuell unterschiedlich waren (roter Nagellack bewirkt nicht bei jeder Frau das Gleiche, und nicht jeder fühlt sich wohl in der Farbe Blau), verhält es sich bei der Köperhaltung anders. Sie ist einerseits die Folge von bestimmten Zuständen, andererseits löst sie diese aber auch aus. Und zwar automatisch und bei jedem Menschen.

Da wir unsere Körperhaltungen in der Regel nicht bewusst wahrnehmen, weil wir »so gewachsen« sind, bietet gerade dieser Punkt zahlreiche Möglichkeiten, um in stärkere Zustände zu gelangen! Dazu ein Beispiel, von dem mir ein befreundeter Psychotherapeut erzählte:

Er erhielt eines Abends den verzweifelten Anruf eines depressiven Patienten, der in einer Telefonzelle mitten in der Großstadt stand: Er sei vollkommen niedergeschlagen und total verzweifelt, benötige dringend und am besten sofort einen Notfalltermin. Mein Kollege, weise und erfahren, bat ihn, vor einem ausführlicherem Gespräch noch etwas zu tun:

Er solle exakt eine Viertelstunde um den Block gehen und dabei alle Menschen, die ihn ansehen würden, freundlich grüßen. Danach solle er ihn wieder anrufen.

Gesagt, getan. Nach einer Viertelstunde klingelte das Telefon erneut. Es meldete sich ein sehr amüsierter und fast schon fröhlicher Patient: »Sagen Sie mal – die Leute hier, die sind ja alle depressiv!«

Ja, niemand hatte ihn angeschaut. Die Blicke aller Passanten waren auf den Boden gerichtet. Aber vor allem, und das war sicher das Entscheidende, hatte der Patient meines Kollegen seine eigene Blickrichtung geändert und war dadurch in einen anderen Zustand gelangt.

Erkennst du die Wirkung, die unsere Haltung auf unsere Energiezustände hat? Während die meisten Auslöser sehr persönlich sind, gelten bei der Haltung für alle Menschen die gleichen Grundregeln.

Am stärksten fühlst du dich immer, wenn du in einer aufrechten Haltung bist. Die kommt nicht etwa von einem geraden Rücken, sondern von einem starken Beckenboden. Deshalb findest du in der Literaturliste ein Buch, das dir zeigt, wie du ihn stärken und trainieren kannst.

Nimm dir aber schon jetzt zwei Minuten Zeit für eine kurze Übung, um zu spüren, welchen Bereich deines Körpers ich meine, wenn ich vom Beckenboden spreche! Den kannst du leicht erspüren.

Zum Ausprobieren:
Nutze deinen Beckenboden

ERSTENS: Setz dich gemütlich hin und erhebe dich dann aus der sitzenden Position, so wie du es gewöhnlich tust. Sobald du stehst, scanne deinen Körper, um genau zu spüren, wie du stehst. Wie ist der Schwerpunkt deines Körpers? Wie stehen die Füße? Wie ist die Kraft im Becken? Wie der Rücken, der Bauch? Welche Haltung nimmt der Kopf ein? Hast du alles registriert? Gut!

ZWEITENS: Nun setze dich noch einmal hin. Gleich wirst du noch einmal aufstehen, diesmal aber nicht wie gewohnt, sondern mit der Vorstellung, du würdest plötzlich bemerken, dass du auf einer heißen Herdplatte sitzt! Natürlich steht man dann ganz anders auf. Und das tu jetzt! Sobald du stehst, scanne deinen Körper noch einmal durch, von oben bis unten, genauso wie gerade eben. Wie ist der Schwerpunkt deines Körpers jetzt? Wie stehen die Füße? Wie ist die Kraft im Becken? Wie der Rücken, der Bauch? Welche Haltung nimmt der Kopf ein? Hast du alles registriert?

DRITTENS: Sicher hast du ein paar Unterschiede bemerkt! Denn beim zweiten Versuch bist du mit Spannung im Becken aufgestanden. So wie du damit ins Stehen gekommen bist, solltest du eigentlich immer ins Stehen kommen, um deine aufrechte Haltung zu stärken. Je häufiger du das tust, umso leichter wird es dir fallen, eine Haltung einzuüben, die dich langfristig stärkt. Eine Haltung, die du immer einnehmen solltest, wenn du weißt: Es kommt eine Situation auf dich zu, in der du einen starken energetischen Zustand und ein stabiles Selbstvertrauen gut gebrauchen kannst. Das geht nicht mit einer schlaffen Haltung! Insbesondere, wenn du dich durchsetzen möchtest, ist diese starke, stabile Haltung unverzichtbar und schon die halbe Miete.

VIERTENS: Stehe noch einmal so auf, wie du es am Anfang gemacht hast, und gehe dann ein paar Schritte im Raum herum.

FÜNFTENS: Tu das Gleiche, nachdem du dir vorgestellt hast, auf der heißen Herdplatte zu sitzen. Wenn du jetzt ein paar Schritte gehst, werden dir sicher auch einige Unterschiede auffallen. So fühlt es sich an, aufrecht mit einem starken Beckenboden zu gehen.

SECHSTENS: Übe das ab sofort jedes Mal, wenn du aus dem Sitzen ins Stehen kommst – so lange, bis du diese neue Form des Aufstehens vollkommen verinnerlicht hast. Und übe ebenfalls das Gehen. Nicht zu lange, wenn du es bisher nicht gewohnt warst, denn die Beckenbodenmuskulatur muss trainiert werden, so wie andere Muskeln auch. Je häufiger du das tust, umso leichter wirst du die Spannung länger und länger halten können. Wenn du dagegen bequem sitzt, darfst du lockerlassen. Alle Muskeln müssen sich auch einmal entspannen.

Grundlegende Haltungen
und ihre Folgen für deine Energie

Damit du weißt, welche Haltung wie wirkt, habe ich dir die grundlegenden Basics zusammengestellt.

- Stehst du gerade und aufrecht wie in der Übung mit der Herdplatte, bist du auch mental aufrecht. Das ist die Haltung, in der du die beste Verbindung zu dir selbst hast, zu deinen Talenten, deiner Kreativität und deiner Kraft – auch zu deiner Durchsetzungskraft.
- Stehst du gebeugt, mit dem Blick nach unten, bewirkt das unmittelbar ein Einknicken deiner Energie. Du kannst nicht mehr zu deiner gesamten Kraft finden. Fatal dabei: Durch die intensive Nutzung des Handys schauen immer mehr Menschen beim Laufen nach unten und geraten dadurch immer wieder in diese gebeugte Haltung. Wenn du bisher zu diesen Menschen gehört hast, lass das und richte

künftig den Blick geradeaus nach vorne, sodass du gut erkennen kannst, was einige Meter vor dir liegt und den Entgegenkommenden ins Gesicht schauen kannst.
- Bist du überstreckt, stehst du also im Hohlkreuz, wirkt das vielleicht auf den ersten Blick stark. Probierst du aber mal bewusst aus, in dieser Haltung zu laufen, merkst du schnell, dass es sich nicht stark anfühlt und eher hochnäsig aussieht. Da du in dieser Haltung fast immer auch deine Nase oben trägst, verlierst du die Verbindung zwischen Kopf und Körper. Gedanken und Gefühle stehen nicht mehr miteinander in Verbindung, du verlierst den Kontakt zu dir selbst.
- Weist dein Blick nach unten, ganz egal, wie du dabei stehst, verlierst du den Kontakt zu den anderen. Das führt zu einem Zustand der Isolation. Dass dieser Zustand nicht viel Energie beinhaltet, merkst du sofort!

Aus der Coaching-Praxis: Sabine

Sabine arbeitet in einer Kita, in der sie eine Leitungsfunktion innehat. Sie mag ihre Arbeit und tut sie gerne. Eigentlich läuft auch alles ganz gut. Doch wie üblich gibt es in der Kita immer wieder Personalmangel, Kolleginnen stecken sich an, wenn die Grippe herumgeht, und dann wird es stressig. Dennoch kommt Sabine nicht deswegen zu mir. Ihre Stimmung hat sich in den letzten Jahren immer mehr verändert. Sie ist an ihrem Arbeitsplatz ungeduldiger als früher, und kürzlich hat sie vor den Kindern eine Erzieherin scharf angefahren. Das geschah zwar nicht grundlos, aber der Ton war falsch. Ihr Nervenkostüm ist nicht mehr das Beste. Das macht Sabine zu schaffen, und sie möchte die Ausgeglichenheit zurückerlangen, die sie in ihren ersten Berufsjahren hatte.

Was mir bei Sabine gleich auffällt, ist ihre stark gebeugte Haltung. Wenn sie sitzt, wirkt Sabine viel kleiner, als sie eigentlich ist. Während sie mich im Stehen um fast einen Kopf überragt, scheint sie sitzend viel kleiner als ich zu sein.

Wir gehen eine Runde spazieren, und ich demonstriere ihr, wie sie sich aufrecht halten kann. Außerdem zeige ich ihr die Übung mit der Herdplatte, damit sie ihren Beckenboden trainiert. Der sei durch die Geburten ihrer drei Kinder auch wirklich beschädigt, sagt sie. Dazu kommt, dass sie als Erzieherin jahrelang auf winzigen Stühlen gesessen hat, um mit den Kleinen auf Augenhöhe zu sein, wenn sie mit ihnen gespielt oder gegessen hat. Das hat ihrem Rücken nicht gutgetan. Sie hatte vor einigen Jahren einen Bandscheibenvorfall. Aber seitdem Sabine in der Leitungsfunktion ist und häufiger im Büro sitzt als in den Gruppen, ist das mit dem Rücken besser geworden und sie ist um eine Operation herumgekommen. Nur hin und wieder täte es weh, aber daran hätte sie sich inzwischen gewöhnt.

Wir vereinbaren, dass sie in den kommenden Wochen intensiv ihren Beckenboden trainiert, um sich wieder richtig aufzurichten. Das tut sie. Parallel übt sie, sich vor der Arbeit so zu beeinflussen, dass sie in einen gelassenen Zustand kommt. Sie ist von der buddhistischen Philosophie sehr angetan, stellt einen kleinen Buddha auf ihren Schreibtisch und beginnt, vor der Arbeit kurz zu meditieren. Außerdem kocht sie sich nun während der Arbeit einen Gewürztee, dessen Duft und Geschmack sie mit der asiatischen Gelassenheit in Verbindung bringt. Und wirklich, es klappt: sie fühlt sich souveräner und gelassener, und schon bevor die regelmäßige kurze Morgenmeditation ihre zusätzliche Wirkung entfaltet, kann sie wieder unterstützend und ruhig mit ihrem Team umgehen.

Wie du deine Haltung verbesserst

Was passiert, wenn du künftig immer mehr auf deine Haltung achtest? Du lernst viel darüber, was du unbewusst tust, weil du es dir – aus welchen Gründen auch immer – angewöhnt hast. Dabei ist es wirklich ganz egal, ob du geneigt stehst, weil du niedergeschlagen bist, oder weil du zwei Meter groß bist und dein Leben lang darauf achten musstest, den Kopf einzuziehen, um ihn dir in den Türen nicht anzuschlagen! Die Wirkung ist identisch: Die Haltung deines Körpers bestimmt mit darüber, wie viel Energie du nutzen kannst, und welcher Art diese Energie ist.

Wenn du dich künftig nicht gut fühlst, kannst du ebenfalls auf deine Haltung achten. Bist du nicht gerade? Richte dich auf! Fühlst du dich in einem Gespräch unterlegen? Richte dich auf! Fühlst du dich mutlos? Tu das Gleiche!

Und wenn du merkst, dass dein Beckenboden schwach ist, trainiere ihn – auch wenn du ein Mann bist. Ein schwacher Beckenboden ist nämlich bei weitem kein weibliches Problem. Es lohnt sich, diesem Teil deines Körpers mehr Beachtung zu schenken, weil es deine Haltung und damit deine Energie sowie letztendlich das gesunde, authentische Selbstbewusstsein stärkt.

Bewegungen

Auch Bewegungen können bestimmte Zustände auslösen. Schau dir mal ein gut gecoachtes Team von Sportlern an: Vor einem Spiel klatschen sich die Spieler auf eine ganz besondere Art ab, die sie in eine bestimmte Art des Zusammenspiels und damit idealerweise in einen kollektiven Flow-Zustand bringt, in dem sie ihre beste Leistung bringen können.

Einerseits handelt es sich bei solchen Handlungen um ein Ritual – darauf komme ich später noch einmal ausführlicher zurück. Außerdem aber findet eine ganz konkrete Bewegung statt: Die Spieler gehen körperlich aufeinander zu. Eine Hand nach vorne schnellen zu lassen in einer Bewegung wie beim Abklatschen, selbst wenn niemand da ist, mit dem man das tut, bewirkt bei vielen Menschen eine Zustandsveränderung! Diese Bewegung, bewusst ausgeführt, kann in Phasen, in denen du um eine bestimmte Aufgabe herumschleichst, die Motivation freisetzen, die Aufgabe anzugehen. Das kommt einem Wechsel des Zustandes gleich.

Wir werden noch sehen, dass Bewegungen sowohl starke als auch schwache Zustände auslösen oder verstärken können. Achte daher in den kommenden Tagen und Wochen bitte auf Bewegungen, die du machst und die bei dir etwas verändern. Dabei kann es sich um Bewegungen handeln, die du regelmäßig übst, wenn du zum Beispiel Yoga machst oder einen bestimmten Sport. Es können auch Bewegungen sein, die spontan auftauchen. Beispielsweise wenn du dir die Schläfen massierst und merkst, dass du dich danach wieder besser konzentrieren kannst. Möglicherweise berührst du deinen Körper irgendwo spontan und merkst, dass es dir dadurch anders geht. Du wirst bemerken, dass Bewegungen, auch wenn sie ganz spontan und ohne irgendeine Absicht auftreten, deinen Energiezustand beeinflussen, auch wenn die Veränderungen mitunter nur gering sind.

Aus der Coaching-Praxis: Roberto
Roberto stellt Präzisionsteile her – eine sehr anspruchsvolle Aufgabe, die viel Know-how und Erfahrung erfordert. Er tut das seit acht Jahren und fühlt sich am richtigen Platz. Sein Problem: Er hat einen Vorgesetzten, über den er kein gutes Wort findet. Der sei fachlich eine Null und kompensiere das durch einen autoritären und nervigen Führungsstil, der bewirke, dass er nicht nur extrem unbeliebt sei, sondern auch von niemandem mehr über etwas informiert werde, was er nicht zwingend wissen müsse, weil sonst die Produktion stillstünde. Ein dämlicher Anzugträger. Niemand im Team vertraue ihm. Natürlich sei das nicht gut, weil das Team nun alles alleine bewältigen müsse. Der frühere Vorgesetzte habe seine Leute unterstützt und mit Fragen und Problemen hätte man jederzeit zu ihm gehen können. Das sei nun nicht mehr so. Trotzdem läuft die Arbeit insgesamt ganz gut, das Team weiß, was es tut, und wenn es den Vorgesetzten nicht gäbe, würde es noch besser laufen. Besser keiner als der!

An dieser Situation kann Roberto aber nichts ändern, und sie ist auch nicht der Grund, weshalb er zu mir ins Coaching gekommen ist.

Sein Problem ist, dass er jedes Mal »Zustände« bekommt, wenn er den Vorgesetzten sieht oder auch nur hört, erzählt Roberto. Da dieser zu allem Unglück auch noch eine schneidende Stimme hat, passiert das oft. Meist hat der Vorgesetzte seine Bürotür geöffnet, und wenn er telefoniert, was er oft und laut tut, hört man seine Stimme in der Fertigung.

Es kostet Roberto enorm viel Energie, das auszuhalten, und verständlicherweise möchte er die Situation verändern. Wenn er schon den Vorgesetzten nicht loswerden kann – und da stehen die Chancen schlecht –, dann möchte er zumindest nicht mehr unter den unvermeidlichen Begegnungen leiden.

Wenn Roberto von seiner Arbeit berichtet, wirkt er sehr zufrieden und mit sich im Reinen. Auch wenn er von der Arbeit unter dem ehemaligen Vorgesetzten spricht, ändert sich nichts. Sobald aber die Sprache auf den aktuellen Chef kommt, fällt mir neben einer Veränderung der Gesichtsfarbe noch etwas anderes auf: Roberto legt seine Hände ineinander und fängt an, mit dem einen Daumen den anderen zu massieren – immer abwechselnd. Ich weise ihn darauf hin. Erst glaubt er mir das gar nicht, ihm selbst ist das noch nie aufgefallen. Aber jetzt, wo ich es sage … Ja, tatsächlich, das machen seine Hände ganz automatisch, wie ferngesteuert.

Da diese Bewegungen aber nicht auftauchen, wenn sich Roberto in einem guten Zustand befindet, liegt der Verdacht nahe, dass das Zusammenlegen der Hände und das Massieren der Daumen die »Zustände«, in die Roberto wegen des Vorgesetzten kommt, zwar wohl nicht auslösen, sie aber doch zumindest begleiten und verstärken.

Um zu überprüfen, ob meine Hypothese stimmt und diese Bewegung wirklich nur in dieser Situation auftaucht, lasse ich Roberto von Erfahrungen mit anderen schwierigen Menschen berichten, die ihn nicht in solche »Zustände« bringen. Das fällt ihm leicht: Seine Schwiegermutter ist schwierig, aber wie! Der macht in Sachen Schwierigsein keiner was vor. Die mischt sich in alles ein, ob es sie was angeht oder nicht! Nie gibt sie Ruhe. Aber mit der kommt er klar. So ist sie halt. Und schließlich hat er keine Wahl – die hat er mitgeheiratet. Das war der Preis für seine tolle Frau. Na, wenn das nicht mal eine schöne Liebeserklärung ist!

Während Roberto von der Schwiegermutter berichtet, machen seine Hände etwas ganz anderes: Die rechte Hand stemmt Roberto in die Hüfte, die linke bewegt sich mit seinen Ausführungen. Wie du beim Lesen sicher schon bemerkt hast: Roberto ist ein Mann mit Temperament, er macht seiner italienischen Abstammung alle Ehre.

Nun machen wir folgendes Experiment: Roberto soll noch einmal von seinem Vorgesetzten erzählen, die Hände dabei aber genauso bewegen, wie er es tut, wenn er von seiner Schwiegermutter berichtet. Das fällt ihm schwer! Immer wieder wollen die Hände zusammenfinden, wie Fische möchten sie entwischen, sobald er ihnen kurze Zeit keine Aufmerksamkeit schenkt. Schließlich gelingt es. Mit der rechten Hand in der Hüfte und der linken in Bewegung erzählt Roberto noch einmal die gleiche Geschichte über seinen inkompetenten Chef. Und welch Wunder: Er fühlt sich dabei gar nicht mehr so schlimm! »So ein Idiot!«, entfährt es ihm nur. Und dabei wirkt er fast heiter.

Es dauert einige Zeit, bis Roberto das, was wir zusammen herausgefunden haben, täglich in seiner Firma umsetzen kann. Einige Zeit erwischt er sich noch häufiger dabei, wie seine Hände sich aufeinander zubewegen, wenn die Stimme seines Vorgesetzten durch die Fertigung schallt. Aber Roberto bemerkt das sehr schnell und ändert sein Verhalten gleich, sobald es ihm auffällt. Und irgendwann passiert es nicht mehr. Nach knapp zwei Monaten ist sein Problem komplett verschwunden. Die »Zustände« sind weg. Die problematische Bewegung der Hände auch. Dafür haben wir nur zwei Termine gebraucht!

Wie du Informationen über deine Bewegungen gewinnst

Dich selbst dabei zu erwischen, wie du die Bewegungen machst, die dich in bestimmte Zustände katapultieren, ist nicht einfach. Ähnlich wie bei Roberto geschehen sie meistens so unbewusst, dass sie gar nicht bis zur bewussten Wahrnehmung vordringen.

Nun gibt es drei Möglichkeiten, mit denen du das nach und nach doch verändern kannst:

- Trainiere deine Selbstwahrnehmung, zum Beispiel mithilfe der kleinen Wahrnehmungsübung aus Kapitel 5 oder der längeren Übung namens »Beobachten«, die du auf meiner Homepage findest (siehe Ende des Buches). Führst du sie regelmäßig durch, helfen diese Übungen dir dabei, schneller zu merken, wenn sich in deinem Körperempfinden etwas verändert. Da das immer geschieht, wenn du von einem Zustand in einen anderen wechselst, wirst du diese Wechsel früher bemerken – irgendwann, vielleicht rechtzeitig genug, um die Bewegung zu erwischen, die sich gerade ereignet und die den Wechsel einleitet.
- Bitte einen Menschen, dem du vertraust und der deinen Alltag erlebt, dir Feedback zu Bewegungen zu geben, die stereotyp auftreten, wenn du dich mit bestimmten Themen beschäftigst oder dich in einer bestimmten Verfassung befindest. Dieser Mensch sollte aber in der Lage sein, dir diese Rückmeldung wertschätzend zu übermitteln. Stell dir vor, du bist gerade wütend und deine Liebste sagt dir: »Guck mal, jetzt ziehst du die Augenbrauen schon wieder so komisch hoch.« Vermutlich ist eine mittlere Explosion die Folge. Wichtig also bei dieser Variante: Dein Gegenüber muss es wirklich gut mit dir meinen, und dir, auch wenn du gerade in einem suboptimalen Zustand steckst, das liebevoll sagen können und notfalls auch eine unwirsche Antwort erst einmal einstecken können.

Deine Aufgabe besteht dann darin, zu einem späteren Zeitpunkt, wenn du dich wieder beruhigt hast, das Feedback ernst zu nehmen und dich wirklich damit auseinanderzusetzen: »Aha, ich ziehe also die Augenbrauen hoch, wenn ich die Fassung verliere? Zeigst du mir mal vor dem Spiegel, wie genau ich das mache? So? Okay, noch höher?

Im Ernst? So sehe ich dann aus? Aha, die linke ein bisschen höher als die rechte?« Sei wirklich sehr exakt im Nachstellen, damit du die Bewegung genauso erfährst wie sie wirklich passiert. Ein ungefähres Nachmachen reicht nicht, denn ein anderes Hochziehen der Augenbrauen bewirkt nicht den gleichen Zustand. In diesem Fall wäre das ganze Feedback umsonst gewesen. Schau dir dann die problematische Bewegung immer wieder an und beobachte, was mit dir passiert, wenn du sie ausführst. Ebenso verfahre auch mit Bewegungen, die dich in gute Zustände bringen.

- Erlaube dir, in Situationen, in denen du spürst, dass sich dein Zustand verändert, die Bewegung, die gerade passiert, einen kleinen Moment lang einzufrieren. Ähnlich wie Schauspieler auf einer Bühne in einem Stück, in dem plötzlich die Zeit stillsteht und die absolut bewegungslos bleiben, bis sich der Zeiger der Uhr wieder in Bewegung gesetzt hat. Vielleicht bemerkst du etwas, das sich im Zusammenhang mit einem bestimmten Zustand wiederholt.

Egal, für welche der Varianten du dich entscheidest: Schreib dir alles, was du bemerkst, gleich auf. Auch diese Bewegungen gehören zu den unbewussten Mechanismen, die wir, sobald sie uns aufgefallen sind, unbeabsichtigt wieder in die Tiefen des Unbewussten zurücksinken lassen. Selbst wenn du nur den Verdacht hast, eine bestimmte Bewegung könne für einen Zustand eine wichtige Rolle spielen, schreib ihn auf. Sollte dieser Verdacht sich zerstreuen, kannst du das Geschriebene wieder durchstreichen. Wenn du etwas aber nicht aufschreibst und es dann vergisst, ist es wieder verschwunden.

Notiere in deinem Notizbuch alle Bewegungen, die dir im Zusammenhang mit positiven Zuständen auffallen – mit Zuständen, in denen du viel Energie hast und in denen es dir gut geht:

Bewegung/Geste	Zustand/Gefühl
....	....
....	....
....	....
....	....
....	....

Notiere nun alle Bewegungen, die dir im Zusammenhang mit negativen Zuständen auffallen – mit Zuständen, in denen du wenig Energie hast und in denen es dir nicht gut geht:

Bewegung/Geste	Zustand/Gefühl
....	....
....	....
....	....
....	....
....	....

Bewegungen

Handlungen und Rituale

Handlungen führen immer in bestimmte Zustände oder aus ihnen heraus. Was ich damit meine, verdeutliche ich gleich anhand einiger Beispiele für häufige Handlungen. Wenn Menschen solche Handlungen bewusst und regelmäßig nutzen, nennt man sie Rituale.

- Wer regelmäßig meditiert, gelangt meist schon dadurch in einen fokussierten und ruhigen Zustand, dass er sein Meditationskissen auf den Teppich legt, die Tür zum Zimmer schließt und sich auf dem Kissen niederlässt. Bereits die Vorbereitung auf die Meditation bewirkt also, dass der meditative Zustand sich einstellt.
- Das Ritual, sich abends ein Glas Wein einzuschenken, führt bei vielen Menschen dazu, dass sie in einen Zustand von Abschalten gelangen, noch bevor sie den ersten Schluck getrunken haben. Es ist, als würden sie sich innerlich sagen: »So, Feierabend!«, und gleichzeitig einen Zustand erreichen, in dem sie Abstand zum Tag bekommen. Auch das ist ein Zustand hoher Energie, selbst wenn er dazu führt, dass man sich entspannt.
- Fährt man am Ende des Arbeitstages den Computer auf eine ganz bestimmte bewusste Art herunter, bewirkt das bei manchen Menschen einen ähnlichen Zustandswechsel. Falls das nicht der Fall ist, führt vielleicht die Heimfahrt von der Arbeit oder etwas anderes dazu. Wenn du nach der Arbeit oder einer anderen alltäglichen Herausforderung kein solches Ritual nutzt, nimm dir bald Zeit dafür, eines zu entwickeln. Es hilft dabei, von anstrengenden Aufgaben abzuschalten und dich schnell und unbelastet auf etwas anderes einzustellen.
- Gleichförmige Tätigkeiten lösen häufig Zustände aus, in

denen Menschen gut zu sich kommen und sich beruhigen. Holzhacken beispielsweise gehört dazu, aber auch das Fegen der Küche. Vielleicht hast du ein ganz eigenes Ritual dieser Art, auch wenn du dir dessen bisher gar nicht bewusst warst.
- Das Schreiben eines Tagebuches führt manche Menschen in einen gestärkten Zustand, der ihnen dabei hilft, Abstand von ihrem Alltag zu gewinnen. Wer gerne schreibt, erlangt dadurch immer einen energiereichen Zustand, in dem sich neue Perspektiven eröffnen oder Ideen auftauchen können, auf die man vorher nicht kam.
- Kuscheln mit einem lieben Menschen oder einem Tier bewirkt bei fast jedem Menschen ebenfalls einen Zustand, der stärkt. Einerseits hat eine solche Situation auslösenden Charakter für eine Zustandsänderung, aber darüber hinaus spielt hier zusätzlich eine Rolle, dass durch körperliche Nähe Oxytocin ausgeschüttet wird, ein körpereigenes Hormon, das zu einem Gefühl der Geborgenheit führt. Verspüren wir ein solches Gefühl, befinden wir uns immer recht weit oben auf der Welle, selbst wenn wir gerade außer Kuscheln nichts Besonderes tun.
- Eine warme Dusche versetzt viele Menschen abends in einen wohligen, entspannten oder aber morgens in einen hellwachen Zustand. Dabei spielt die Wahl des Duschgels häufig eine Rolle für die Wirkung der Dusche. Und natürlich die Wassertemperatur!

Natürlich sind das nur einige wenige Beispiele. Sicher gibt es in deinem Leben noch ganz andere, vermutlich sogar viel mehr Tätigkeiten, die dir dabei helfen können, einen Zustandswechsel herbeizuführen. Nimm dir gleich ein paar Minuten Zeit, um dir Notizen zu machen.

Aktivität/Handlung	Wirkung/Zustand
....	....
....	....
....	....
....	....
....	....

Auch wenn dir deine Rituale ganz normal vorkommen und du bisher eher zufällig von ihnen profitiert hast: Warum nutzt du sie nicht ganz bewusst? Warum gehst du nicht an einem Tag, an dem du dich über die Kinder aufregst und dich nahezu ununterbrochen gestresst fühlst, einfach mal ein paar Minuten unter die heiße Dusche, um deren wundervollen Effekt für dich zu nutzen, auch wenn es mitten am Nachmittag ist? Danach bist du gelassener und kannst die Herausforderungen mit anderen Augen sehen. Sie sind zwar immer noch die gleichen, aber durch das Duschen hast du dich verändert und kannst sie leichter bewältigen!

Vervollständige deine Notizen in den nächsten Wochen, wann immer dir etwas auffällt.

Biochemische Zustände

Nicht immer befindet sich unser Körper in dem gleichen biochemischen Zustand. Das beginnt bei den Spiegeln verschiedener Hormone, die stark variieren können und sich den Lebensumständen immer wieder neu anpassen, aber auch zyklischen Gesetzen gehorchen. Damit meine ich nicht nur den weiblichen Zyklus. Die meisten Hormone verändern ihre Konzentration im Tagesverlauf. So wird zum Beispiel die Produktion des Schlafhormons Melatonin durch Licht gehemmt und bei Dunkelheit ermöglicht. Deshalb verändert sich der Spiegel dieses Hormons nicht nur im Laufe von 24 Stunden, er kann auch im Sommer und im Winter unterschiedlich ausfallen, vor allem in jenen Ländern, die weit vom Äquator entfernt sind. Befindet sich zu wenig Melatonin im Blut, können Schlafstörungen entstehen; auch ein zu hoher Melatoninspiegel kann dazu führen.

Dass man in Situationen, in denen die Biochemie gestört ist, auch in andere Energiezustände gerät, erscheint unmittelbar logisch. Vergleichbar ist das mit ungesunden Veränderungen in der Biochemie, die wir ganz gezielt herbeiführen, indem wir Substanzen konsumieren, die genau solche Veränderungen bewirken. Denk einfach daran, wie es dir geht, wenn du etwas Alkohol getrunken hast und besäuselt bist. Dann bist du nicht mehr im gleichen Zustand wie noch kurz zuvor, oder? Und wenn du betrunken bist, verändert sich dein Zustand noch einmal ganz extrem. Das betrifft nicht nur das Aktivitätsniveau: Du bist nicht nur aufgedrehter oder müder als sonst, sondern erlebst vielleicht andere Gefühle, hast andere Gedanken. Nicht umsonst wurde schon mancher Kuss unter Alkoholeinfluss in nüchternem Zustand bitter bereut.

Starken Einfluss auf die biochemischen Abläufe in unserem Körper haben vor allem Koffein, Nikotin und Zucker, aber natürlich auch all jene illegalen Substanzen, die trotz Verbot recht häufig konsumiert werden, sowie auch viele Arzneimittel.

All diese Substanzen, ob nun eingenommen oder vom Körper hergestellt, haben eine biochemische Wirkung, und die besteht unter anderem darin, einen bestimmten Zustand herzustellen. Dabei handelt es sich um ein normales körperliches

Phänomen. So weit, so gut. Doch es gibt noch einen weiteren Aspekt, und da wird es für uns spannend, denn daraus können wir etwas machen.

Lernen verknüpft Erfahrung mit einem biochemischen Zustand

Wenn wir etwas lernen, ist das Gelernte leichter wieder abrufbar, wenn die Umstände, in denen wir es abrufen möchten, denen ähneln, in denen wir uns die Dinge angeeignet haben. Dabei geht es weniger um die äußeren Umstände – es ist okay, wenn wir den heimischen Schreibtisch mit dem Pult in der Uni tauschen. Wichtiger ist der Zustand, in dem sich unser Körper und unser Geist befinden.

Was wir in einem Zustand der Erholung gelernt haben, können wir auch in einem Zustand der Erholung am besten wieder abrufen. Sind wir dagegen gestresst, fällt uns vieles nicht mehr ein. Haben wir den gleichen Stoff in einem gestressten Zustand gelernt, so können wir uns in einem gestressten Zustand am besten wieder daran erinnern.

Das geht sogar noch weiter: Haben wir Englisch in England gelernt und dort literweise Earl Grey getrunken, wird uns ein ähnlicher Koffeinspiegel wie damals in England dabei helfen, die Sprache wieder leichter zu sprechen! Auch der Geschmack und Geruch des Tees hilft dabei. Im Kapitel »Kulinarisches« erfährst du mehr darüber.

Aus der Coaching-Praxis: Lukas

Lukas steht kurz vor dem Abitur. Er lernt viel, aber er bekommt, wie er sagt, nicht wirklich etwas in seinen Kopf. Oder nicht heraus. Wie auch immer: Es klappt nicht mit der Vorbereitung, und er hat Sorge, sein Abi zu vermasseln. Natürlich möchte ich wissen, wie er lernt, wann und wie viel, was für ein Prüfungstyp er ist und welche Sinne er nutzt, um die Dinge, die er lernen möchte, auch in seinen Kopf zu bekommen. Wir feilen etwas am Biorhythmus, weil Lukas bisher seine Pausen zu schlecht koordiniert und damit gegen seinen Biorhythmus gearbeitet hat, der für den Lernerfolg ebenfalls eine wichtige Rolle spielt. Außerdem hat Lukas sich bisher zu sehr in Details verstrickt, ohne sich zuerst einen Überblick über das gesamte Pensum zu verschaffen. Deshalb ist er im Stoff hintendran. Bis zu diesem Punkt haben wir ganz typische Lerncoaching-Arbeit gemacht. Dennoch verstehe ich nicht, warum Lukas sich an so wenig von dem erinnert, was er schon gelernt hat. Er hat kürzlich eine Probeklausur komplett »verhagelt«.

Also frage ich ihn nach dem Konsum von Substanzen, die die Biochemie beeinflussen. Er raucht ein wenig, regelmäßig etwa fünf Zigaretten am Tag. Das sollte fürs Lernen kein allzu großes Problem darstellen. Gravierender sieht es aus, als ich mich nach anderen Substanzen erkundige. Alkohol trinke er kaum, sagt Lukas, berichtet aber, er habe die letzten Jahre ziemlich viel gekifft, täglich mit seinen Freunden, aber auch zu Hause, wenn er alleine war. Allerdings habe er damit vor etwa vier Wochen aufgehört, radikal. Er wisse, dass das im Hinblick auf die Abiprüfungen Schwachsinn sei, und damit er gut lernen könne, kiffe er nicht mehr. Das sei ihm auch nicht schwergefallen.

Als wir den Blick in die Vergangenheit richten, merkt Lukas, dass seine Lernprobleme etwa zu der Zeit begonnen haben, als er das Kiffen gelassen hat. Den gesamten Stoff, den er jetzt lernen muss, hat er ja in den letzten beiden Jahren der Oberstufe schon einmal durchgenommen. Damals aber mit reichlich Tetrahydrocannabinol im Blut. Außerdem hat er auch schon die zwei Jahre davor viel gelernt. Möglicherweise hat er auch das Lernen an sich mit dem biochemischen Zustand verknüpft, der während dieser Zeit bei ihm dominiert hat. Zumal Lukas bestätigt, dass er meistens, bevor er sich an den Schreibtisch gesetzt hat, noch einen Joint genossen hat.

Natürlich unterstütze ich seine Entscheidungen, das Kiffen zu lassen. Es steht außer Frage, dass es auf die Dauer und in großen Mengen genossen ernsthafte Gesundheitsstörungen zur Folge hat. Und so rate ich ihm natürlich nicht, die schlechte Gewohnheit für die letzten Vorbereitungen und die Zeit der Prüfungen noch einmal aufzunehmen, um sich anschließend von ihr zu verabschieden. Ich weise Lukas lediglich auf die möglichen Zusammenhänge hin, damit er versteht, warum ihm das Lernen in der letzten Zeit vielleicht schwerer fällt als vorher. Ich möchte ja nicht, dass er an seiner Intelligenz zweifelt, die ohne Frage ausreicht, um das Abitur zu bestehen.

Wir konzentrieren uns also auf Lernmethoden und richten unsere Aufmerksamkeit außerdem auf die natürlichen Biorhythmen. Um diesen gerecht zu werden, empfehle ich Lukas Maßnahmen wie etwas Sport zwischen langen Lerneinheiten, um das Gehirn zu einer hohen Leistungsfähigkeit zu bringen. Außerdem zeige ich ihm einige der energetischen Übungen, die ich in Kapitel 5 beschreibe.

Einige Zeit später bekomme ich einen Anruf von Lukas. Er habe das Abitur geschafft, sogar ganz gut, müsse aber zu seiner Schande gestehen, dass er das Kiffen nach unserem Termin noch einmal aufgenommen habe. Nun habe er aber endgültig damit Schluss gemacht. Er wird bald mit einer Ausbildung beginnen und ist sicher, dass seine Lernkapazität ausreicht, um auch ohne die alte Gewohnheit klarzukommen. Außerdem habe er sich vorgenommen, künftig zum Lernen Pfefferminztee zu trinken, um das Gelernte wieder an etwas zu koppeln – aber an etwas, das ihm nicht schadet.

Optimal auf Prüfungen vorbereiten

Die folgenden Tipps können dir dabei helfen, gut vorbereitet in eine Prüfungssituation zu gehen.

- Neigst du dazu, direkt vor Prüfungen schlecht zu schlafen und mit einem Schlafdefizit in die Prüfung zu gehen, kann es sich für dich lohnen, nicht zu früh und eher unausgeschlafen mit den Vorbereitungen zu beginnen. Lernst du eher knapp vor der Prüfung und schläfst deswegen recht wenig, weil du bis in den Abend hinein lernst, befindest du dich während des Lernens im gleichen Zustand wie während der Prüfung. Das ist gut so! Es ist zwar so, dass ausreichender Schlaf dabei hilft, den tagsüber gelernten Stoff gut zu verankern, und dass Wenigschläfer insgesamt etwas mehr büffeln müssen, weil sie diesen Effekt verlieren. Doch scheint es so zu sein, dass das zustandsgebundene Abrufen diesen Nachteil aufwiegt.

- Bist du eher der Typ, der mit absoluter Seelenruhe in jede Prüfung geht? Kannst du davor schlafen wie ein Bär und bist du wirklich gut ausgeruht, dann lerne in genau dem gleichen Zustand. Fange rechtzeitig an, leg dich früh ins Bett und schlafe dich aus. So befindest du dich während des Lernens im gleichen Zustand wie während der Prüfung. Das ist gut!
- Natürlich kannst du mithilfe der Übungen aus diesem Buch alle Vorteile für dich nutzen: Überlege, was du brauchst, um bei Prüfungen einen entspannten Zustand zu erreichen, damit du auch vorher schon gut schlafen kannst. So kannst du dir für die Vorbereitungen Zeit nehmen, den Schlaf nutzen, um das Gelernte besser zu verankern und gleichzeitig in der Prüfung den Zustand erleben, der dich am besten mit dem Gelernten in Verbindung bringt.

Die Macht biochemischer Zustände nutzen

Am leichtesten kannst du die Fähigkeit biochemischer Zustände, mentale Zustände auszulösen, nutzen, indem du bestimmte Substanzen nur selten konsumierst. Das solltest du dann aber in bestimmten Situationen, in denen du einen ganz spezifischen Zustand auf der Welle abrufen möchtest, sehr bewusst tun.

Wenn du nur selten und wenig Zucker zu dir nimmst (warum das sinnvoll ist, erfährst du im Kapitel über das Powerfood), könntest du vor einem wichtigen Ereignis ein Stück Traubenzucker lutschen. Wichtig ist aber, das dann jedes Mal zu tun, damit der Blutzuckerspiegel in diesen Situationen immer gleich reagiert.

Ähnlich verhält es sich mit einem kleinen Schluck Sekt, zum Beispiel vor einem Auftritt oder einer Präsentation. Schon ein kleiner Schluck reicht, damit du in einem biochemischen Zustand landest, in dem du sonst nicht bist. Belasse es aber bei diesem kleinen Schluck, weil dir sonst die chemische Wirkung des Alkohols einen Strich durch die Rechnung macht und deine Leistungsfähigkeit schmälert. Und natürlich ist die Grundvoraussetzung für die Wirksamkeit dieser Maßnahme, dass du sonst in der Regel nicht in diesem Zustand bist, also nicht regelmäßig Alkohol trinkst!

Setze in den speziellen Situationen die Substanz, die du nutzen möchtest, auch in diesem Bewusstsein ein: dass sie einen besonderen Zustand für eine besondere Situation einläutet. Am besten verbindest du dieses kleine Ritual mit einer positiven Vorstellung – einer Imagination. Was das bedeutet – darum geht es im folgenden Kapitel!

Imagination

Sprechen Psychologen von Imaginationen, meinen sie Vorstellungen, die die Fähigkeit der Einbildung nutzen. Übersetzt heißt das: Wenn du imaginierst, nutzt du die Kraft deiner Fantasie, um dir etwas vorzustellen, was in der aktuellen Realität nicht vorhanden ist. Du kannst Imagination einsetzen, um Erfahrungen aus der Vergangenheit wieder aufleben zu lassen oder um dir Situationen in der Zukunft vorzustellen – so wie du sie dir wünschst, um ihnen Energie zu geben und dein Inneres darauf einzustimmen.

Manchmal spricht man bei der Fähigkeit zur Imagination auch von der Fähigkeit, innere Bilder zu sehen. Dabei geht diese Fähigkeit viel weiter. Wir können solche Bilder mit zusätzlichen Informationen ausschmücken, die andere Sinneskanäle nutzen. Das sind dann Halluzinationen, also die Fähigkeit, Düfte zu riechen, die nicht da sind, Dinge zu schmecken, die wir gar nicht im Mund haben oder Geräusche zu hören, die nur in unserem Kopf existieren. Solche Halluzinationen sind hilfreich, wenn wir sie bewusst nutzen, um inneren Bildern mehr Wirksamkeit zu verleihen.

Hast du Lust auf eine Übung, um die Kraft dieser Imaginationen zu erleben?

Zum Ausprobieren:
Erlebe die Kraft deiner Vorstellung!

Stell dir vor, du bist in Sizilien. An den Hängen des Ätna wachsen auf fruchtbarer Vulkanerde unzählige Zitrushaine. Blutorangen gedeihen in riesigen Gärten, dazwischen stehen die etwas kleineren Bäume, an denen die Zitronen wachsen. Im Gegensatz zu den Früchten, die man bei uns kaufen kann, reifen die Zitronen dort aus, werden leuchtend gelb und weich. Sie duften süß und aromatisch und nehmen die unterschiedlichsten Formen an. Manche sind oval wie die, die es bei uns auf dem Markt gibt. Andere sind kugelrund wie Orangen, es gibt große und kleine, und sie alle hängen durcheinander knallgelb an den Bäumen. Stell dir vor, wie du von einem dieser Bäume nun eine ganz reife Zitrone pflückst. Wenn du leicht darauf drückst, gibt sie unter dem Druck deiner Finger nach. Sie duftet intensiv und du steckst sie ein.

Zu Hause legst du sie dann auf ein hölzernes Küchenbrett und nimmst ein scharfes Messer zur Hand. Damit schneidest du die reife Zitrone in der Mitte durch. Ihr Saft rinnt auf das Brett, und die Küche duftet süß-säuerlich nach einem ganzen Zitronengarten! Vorsichtig nimmst du eine Zitronenhälfte in die Hand, die Schnittfläche nach oben, damit sie nicht weiter ausläuft. Schon spürst du die feuchte Klebrigkeit des Saftes auf deinen Fingern. Und nun beißt du einfach in die Zitronenhälfte hinein und schmeckst, wie sich das Aroma in deinem Mund ausbreitet …

Mach einen Moment die Augen zu und spüre nach. Merkst du etwas?

Wenn du die Übung noch einmal mit geschlossenen Augen durchführst, kannst du noch mehr beobachten. Mit geschlossenen Augen haben die Vorstellungen mehr Kraft!

Etwa zwei Drittel aller Menschen, die das ausprobieren, erleben bei dieser kleinen Übung eine körperliche Reaktion: Speichel läuft im Mund zusammen, der Schluckreflex wird ausgelöst, oder sie spüren ein Kribbeln im Rücken oder an einer anderen Stelle am Körper. Bei den meisten Menschen verändert sich die Mimik, manchmal vollkommen unbemerkt von ihnen.

Wenn unser Körper schon auf eine so kleine Imagination reagiert, zeigt das, wie intensiv er in alles eingebunden ist, was in unseren Vorstellungen passiert. Natürlich kannst du das nutzen, um ganz gezielt bestimmte Zustände in dir auszulösen, die du brauchst, und dich dadurch auf der Welle nach oben beamen. Oder, sogar noch besser, um gar nicht erst hinunter zu rutschen in Situationen, in denen dir das früher passiert ist.

Nutze die Kraft der Imaginationen!

Am besten kannst du die Wirkung der Imaginationen prophylaktisch einsetzen, also vorbeugend. Wenn du weißt, dass du in bestimmten Situationen in einen Zustand rutschst, der zu weit unten auf der Welle ist, kannst du vorab überlegen: Wie wäre ich denn stattdessen gerne? Was für ein Zustand wäre künftig optimal für diese Situation? Orientiere dich dabei an der Liste in Kapitel 1, die du sicher bereits kopiert hast. In diese Liste kannst du alles schreiben, was du dir für den neuen, kraftvollen Zustand wünschst:

- Wie vergeht die Zeit?
- Wie ist deine Haltung? Wie stehst du auf dem Boden?
- Wie fließt dein Atem?
- Wie ist dein Herzschlag?
- Was ist das stärkste Gefühl, deine stärkste Emotion?
- Wie alt fühlst du dich innerlich?
- Was sagen deine Gedanken?
- Was sagst du zu dir selbst?
- Wie ist deine Energie? Wo spürst du sie in deinem Körper am stärksten?

Im nächsten Schritt stell dir dann vor, du würdest dich von außen beobachten, wenn du dich in genau diesem neuen Zustand befindest: Du bist ein freundlicher, interessierter Beobachter deiner Selbst und siehst dich in dem tollen Zustand in genau der Situation, für die du ihn brauchst. Woran erkennst du von außen, dass es dir gut geht und du voller Energie bist?

- An deiner Haltung?
- An deiner Art dich zu bewegen?
- An dem Blick in deinen Augen?
- An deinem Gesichtsausdruck?
- An deinem Äußeren, deiner Kleidung oder etwas anderem?
- An der Art, wie du sprichst oder an dem, was du sagst?
- An deiner Ausstrahlung?

Nimm dir Zeit, das genau zu erforschen. Gestatte dir ruhig mehrere Anläufe dafür, bis du sicher bist: Genauso wärst du, wenn der Zustand da wäre, ganz natürlich.

Notiere, was dir dazu einfällt und nutze die folgende Liste gerne wieder als Kopiervorlage. Vielleicht brauchst du sie ja für verschiedene Situationen?

Mein perfekter neuer Zustand

So ist meine Haltung: ....

So bewege ich mich: ....

So sieht mein Blick aus, so schauen meine Augen: ....

Das fällt mir an meinem Gesicht auf: ....

....

So ist mein Äußeres, das habe ich an: ....

....

So spreche ich, das ist mein Tonfall: ....

....

Das sage ich (oder sage ich nichts?): ....

....

So ist meine Ausstrahlung: ....

....

An diese prominente Person/diese Filmfigur erinnert mich meine Ausstrahlung: ....

....

Erst wenn du dir wirklich sicher bist, gehst du den nächsten und letzten Schritt. Nun fühlst du dich in genau das Bild hinein, das du so exakt beschrieben hast. Stell dir vor, du könntest dich in die Person, die du in ihrem perfekten Zustand siehst, einfach hineinbeamen und von innen spüren, wie sich die Haltung anfühlt, der Blick der Augen, der Ausdruck des Gesichts und so weiter. Spüre die besondere Ausstrahlung!

Und sobald du in Kontakt mit dem guten Gefühl bist, mache die Augen zu, wieder auf, bewege deine Augen (die Nase bleibt, wo sie ist!) einmal ganz im Kreis, einem Kreis von 360°. Dann bewege die Augen einmal andersherum, anschließend beschäftige dich mit etwas anderem. Die Kreisbewegungen der Augen bewirken, dass der neue Zustand besser im Gehirn verankert wird und schneller bei dir ankommt.

Leider reicht ein einmaliges Üben nicht aus, damit du ab sofort in deiner Wunschsituation in dem neuen imaginierten Zustand sein kannst. Dafür ist ein wenig mehr Übung erforderlich, dann sollte es klappen! Es hat sich als besonders effektiv erwiesen, sich in einem Zeitraum von zwei Tagen intensiv mit dieser Übung zu beschäftigen. Innerhalb dieser zwei Tage versetze dich 100-mal in den neuen Zustand. Keine Sorge: Du sollst nicht viel Zeit dafür aufwenden. Es reicht, dass du dich eine Sekunde lang darin aufhältst. Die Zeit, die du an einer roten Ampel verbringst, genügt also vollkommen! Bei der nächsten Ampel kannst du die Übung gleich noch einmal wiederholen. Passierst du auf der Fahrt zur Arbeit zehn Ampeln, hast du in zwei Tagen alleine durch die Hin- und Rückfahrt schon 40 Prozent des gesamten Pensums geschafft! Und natürlich kannst du auch jede andere kurze Pause nutzen.

Der optimale Zustand – kurzgefasst

Du hast herausgefunden, wie dein optimaler Zustand für die schwierige Situation ist. Du hast ihn von außen gut definiert.

Nun fühlst du dich hinein, schlüpfst sozusagen in dein künftiges Ich.

Sobald du spüren kannst, wie sich das anfühlt, schließt und öffnest du die Augen und bewegst sie dann zweimal ganz im Kreis: Einmal in die eine Richtung, einmal in die andere Richtung.

Fertig.

Länger als ein paar Sekunden sollte das nicht dauern.

Schaffst du 100 Wiederholungen innerhalb von zwei Tagen, kannst du ganz sicher sein, dass du dich beim nächsten Mal in der Situation, um die es geht, anders und viel besser fühlen wirst als zuvor!

Bilder und Fotos

Gibt es einen Ort, an dem du dich ganz hervorragend fühlst? Total gelassen, besonders selbstbewusst, zu 100 Prozent mit dir im Reinen, unangreifbar, stabil wie ein Fels? Wunderbar! Besorge dir ein Bild davon und stelle es genau dort auf, wo es dir am wohlsten tut. Oder häng es an die Wand.

Aus der Coaching-Praxis: Anna

Anna ist Lehrerin an einer Gesamtschule. Dort verbringt sie den Tag, entweder im Unterricht oder im Lehrerzimmer, wo sie ihre Vorbereitungen macht und alles Mögliche organisiert, was neben dem Unterricht noch anfällt. Auch für ihre Schüler ist sie dort ansprechbar. Alles in allem ein erfüllender Job, aber auch anstrengend. Nicht alle Schüler sind umgänglich oder gehen gerne in die Schule, und neben der Wissensvermittlung nimmt Anna eine Menge erzieherischer Aufgaben wahr, auf die sie in ihrer Ausbildung nicht vorbereitet wurde.

Anna kommt zum Coaching, weil sie gegen Ende der Arbeitswoche schlapper und leerer wird. Hat sie sich das Wochenende über erholt, startet sie wieder mit Elan in die neue Woche. Doch spätestens am Donnerstagnachmittag ist es vorbei. Die letzten eineinhalb Tage schleppt sie sich durch, bis endlich wieder Wochenende ist.

»Warum gerade der Donnerstag?«, möchte ich von Anna wissen. Da hat sie eine ganz besonders schlimme Klasse, erklärt sie, die 8C. Die sei an der ganzen Schule verrufen, keiner wolle sie, aber ein paar Lehrer müssten die ja unterrichten. Mit der hat sie am Donnerstag gleich zwei Stunden, die fünfte und die sechste, da seien die Schüler eh schon lustlos und komplett demotiviert, und für Kunst würden die sich sowieso nicht interessieren. Ein Sack Flöhe sei leichter zu unterrichten. Wenn Anna aus diesen Stunden kommt, ist sie eigentlich urlaubsreif. Aber dann kommen noch zwei Stunden Nachmittagsunterricht.

Wir brauchen also erst einmal etwas, das Anna für die 8C stark macht, damit sie dort so viel Energie hat, wie sie für den Sack Flöhe braucht. Außerdem wäre es gut, wenn sie an irgendeine Erfahrung anknüpfen könnte, die sie ganz schnell in ein Gefühl der Erholung bringt.

Weil Anna Kunstlehrerin ist, liegt es nahe, Bilder zu nutzen. Zu denen hat sie einen starken Bezug, und Bilder haben auf Anna eine sehr starke emotionale Wirkung. Wenn uns etwas emotional berührt, können wir sicher sein, dass wir uns auf diese Emotion auch einschwingen und der Zustand auf der Welle zu der Emotion passt, die gerade in uns angerührt wird.

Anna erzählt, dass sie vor drei Jahren in Südostasien und Australien war. Sie hat ein Sabbatjahr gemacht und ist herumgereist. Woran sie denn denkt, wenn ich sie nach dem erholsamsten Ort während ihrer Reise frage, erkundige ich mich. Anna muss nicht lange überlegen. Sofort fällt ihr eine Insel ein, auf der sie drei Wochen verbracht hat. Dort hat sie viele Tauchgänge gemacht, an die sie sich gerne erinnert: Meeresschildkröten, bunte Fische, Korallen, Haie, Sandaale. Und dieses herrliche schwebende Gefühl ... Das Resort, in dem sie gewohnt hat, war ganz klein und familiär, Frühstück am Strand ... Anna kommt ins Schwärmen und strahlt wie das pure Glück. Plötzlich sind all ihre Sorgen- und Stressfalten verschwunden. Bingo! Wir haben die richtige Erinnerung gefunden.

Es ist keine große Sache, ein Foto von der Hütte auszugraben, in der sie auf der Insel gewohnt hat. Und auch ein Bild von der Unterwasserlandschaft findet sie recht schnell im Internet. Anna entscheidet sich für eines, auf dem ein Taucher zu sehen ist. Sie sind immer in Zweierteams getaucht, sodass es dazu gehörte, den Partner im Blick zu haben. Diese Bilder stellt sich Anna auf ihren Schreibtisch im Lehrerzimmer, wo sie immer in ihrer Nähe sind, wenn sie in der Schule erholungsreif ist. Und sobald sie die Bilder sieht, merkt sie, wie sie aufatmet, lächelt und sich schon wieder leichter fühlt. Ihre Energie kehrt zurück. Zusätzlich nutzt sie die kleinen Pausen für die Übungen zur bilateralen Aktivierung, die ich in Kapitel 5 vorstelle, um schneller umschalten zu können und sich zwischen den Unterrichtsstunden mental zu erfrischen und wieder auf den Wellenkamm zu gleiten.

Damit sie von der 8C nicht mehr in die Knie gezwungen wird, suchen wir ein weiteres Bild, das sie nutzen kann, bevor sie den Klassenraum betritt. Sie findet eins: Weil sie die 8C mit einem Sack Flöhe verglichen hat, hat sie überlegt, wer einen Sack Flöhe wohl am besten hüten könnte. Minerva McGonagall ist ihr zuerst eingefallen. Mit ihrer liebenswerten Strenge kommt die stellvertretende Schulleiterin des Zauberinternats Hogwarts mit den schlimmsten Schülern klar. So wie die Lehrerin von Harry Potter will Anna sein!

Gesagt, getan. Anna besorgt sich auch von ihrer prominenten Film-Kollegin ein Foto. Dann versetzt sie sich in sie hinein, ähnlich wie es im letzten Abschnitt über die Imagination beschrieben wird: Anna stellt sich vor, wie es sich anfühlt, Minerva McGonagall zu sein, aus ihren Augen zu schauen, ihre Haltung einzunehmen, ihre Kleidung zu tragen, in ihrem Tonfall zu sprechen … Und das übt sie über zwei Tage 100-mal mitsamt den dazugehörigen Augenbewegungen.

Am Donnerstag der folgenden Woche bekomme ich abends die Mail, um die ich Anna gebeten habe. Sie schreibt: »Liebe Anke, du wirst es nicht glauben (oder doch?): Ich war in der 8C sowas von gelassen, dass die alle ganz blöd geschaut haben. Ich glaube, ich habe sogar ein bisschen wie Minerva gesprochen! Auf jeden Fall habe ich mich die zwei Stunden über immer wieder sehr amüsiert und den Eindruck, ein paar der Schüler haben heute sogar etwas gelernt. Danke für die Inspiration!«

So kannst auch du Bilder nutzen. Bilder von Landschaften, Bilder von Menschen, deren Inspiration du gebrauchen kannst, oder von denen du dir etwas abschauen willst. Du kannst sogar Bilder von Pflanzen oder Gegenständen benutzen, wenn sie dich intensiv ansprechen. Denn das ist immer die Voraussetzung dafür, dass die Bilder auch wirklich etwas bewirken: Sie müssen etwas sehr Intensives und Persönliches in dir ansprechen, sodass du fühlst, wie sich etwas im Innern verändert. Und dann bringst du die Bilder dorthin, wo du sie brauchst.

Klassiker, die du nutzen kannst

Es gibt eine ganze Reihe von Bildern, die sich besonders gut dafür eignet, dich in positive Energiezustände zu versetzen. Zu diesen Klassikern gehören beispielsweise die folgenden:

- Ganz häufig sieht man auf Schreibtischen Familienfotos: Frau und Kinder, am Strand im Urlaub oder vom Fotografen abgelichtet. Das ist so lange in Ordnung, wie dein Familienleben es auch ist. Durchlebst du gerade eine Ehekrise oder machst dir Sorgen um deinen Sohn, weil er die Schule schwänzt, hat ein Familienbild nichts mehr auf deinem Schreibtisch zu suchen – außer, du wünschst dir, dass du gleich morgens schon depressiv und geschwächt in deine Arbeit startest.
- Diplome und Auszeichnungen, die du beruflich erworben hast, gehören an die Wand. In Deutschland behandeln wir solche Schriftstücke eher diskret und heben sie in einem Ordner auf. Nichts beweist aber unsere Kompetenz so ein-

deutig wie diese Urkunden. Das sehen nicht nur unsere Kunden oder Kollegen, sondern vor allem wir selbst, und das stärkt unser Selbstvertrauen. In dieser Hinsicht können wir uns viel von unseren Kollegen in den USA oder auch in den Ländern rund um das Mittelmeer abschauen. Kommen wir dort in eine Arztpraxis, hängen schon im Wartezimmer mindestens zehn verschiedene Diplome und Zertifikate von Zusatzauszeichnungen. Die wichtigsten zieren dann die Wand über dem Schreibtisch des Mediziners.

- Fotos von Menschen oder Tieren, die wir lieben und die uns ein gutes Gefühl vermitteln, sollten wir immer dabeihaben. Beispielsweise im Geldbeutel, auf dem Handy oder als Bildschirmschoner auf dem PC. Dafür kannst du natürlich auch ein anderes Bild verwenden. Aber bitte nicht irgendeins, das einfach hübsch aussieht, denn diese Flächen siehst du jeden Tag, und deshalb solltest du sie unbedingt nutzen. Wenn ich mein Handy anschalte, sehe ich einen roten Tangoschuh. Ich tanze sehr gerne, und sobald ich den Schuh sehe, fühle ich mich stolz und beweglich und freue mich. So wenig Aufwand für so viel Wirkung!
- Möchtest du zu Hause in einem bestimmten Raum eine besondere Atmosphäre schaffen, nutze auch dort Bilder. In der Küche kannst du dir Fotos von leckeren Gerichten aufhängen, wenn du abends oft zu schlapp warst, um zu kochen und einfach eine Pizza in den Ofen geschoben hast. Sie helfen dir dabei, dich aufzuraffen, indem sie dich beim Zustandswechsel unterstützen.

Sammle in deinem Notizbuch Ideen, wie du dich mithilfe von Bildern in ganz bestimmten Situationen stärken kannst!

Kulinarisches

Nicht nur Liebe geht durch den Magen. Was wir unserem Magen einverleiben und vor allem was unsere Geschmacksnerven erleben, bewirkt viel und entscheidet oft über den Zustand, in den wir uns begeben. Und das alles spielt sich, wie immer, ganz unbewusst ab.

Stell dir mal vor, du bist in einem fremden Ort und hast Lust auf ein einfaches, bodenständiges Essen, so was wie Schnitzel mit Pommes. Das gibt es ja fast überall, und so findest du auch bald ein einladend aussehendes Lokal, das auf seiner Speisekarte neben anderen gutbürgerlichen Gerichten auch Schnitzel aufführt.

Du bekommst einen Tisch, bestellst dir neben dem Schnitzel auch ein Getränk und wartest hungrig und voller Vorfreude. Es dauert eine ganze Weile, bis das Essen kommt – damit kannst du dich abfinden, weil du weißt, dass die Zubereitung eines Schnitzels ein paar Arbeitsschritte erfordert: Klopfen, einmehlen, durch's Ei ziehen, panieren, braten, die Soße zubereiten und die Pommes frittieren. Als Vorspeise wird dir schon mal ein kleiner Salatteller serviert.

Der Krautsalat schwimmt im Fett, und der Karottensalat schmeckt auf eine Art säuerlich, die nahelegt, dass er nicht heute zubereitet wurde. Der Blattsalat ist matschig und das Dressing schmeckt nicht nur fettig, sondern erinnert dich fatal an das billige Fertigdressing, das du einmal im Supermarkt und nie wieder gekauft hast. Angeekelt lässt du den Salat zurückgehen. Die Kellnerin entschuldigt sich, fragt, ob du einen neuen möchtest und verspricht dir ein paar zusätzliche Pommes als Entschädigung, als du energisch verneinst.

Was dann aber kommt, verdirbt dir den Abend endgültig: Das Schnitzel scheint frittiert zu sein und schmeckt, als sei es schon fertig paniert aus der Gefriertruhe entnommen worden. Die Pommes sind weich und fettig, und die Soße aus Pulver angerührt, zudem noch versalzen. Einzig und allein die Zitronenscheibe, deren Saft das Geschmacksdesaster etwas neutralisiert, ist genießbar. Da du hungrig bist und schon den Salat hast zurückgehen lassen, beschließt du, gute Miene zum bösen Spiel zu machen und das Schnitzel aufzuessen. Wenigstens bist du dann satt.

Du kannst dir sicherlich vorstellen, dass der Abend dann gelaufen ist! Dass du das Lokal in einer wirklich schlechten Stimmung verlässt, und dass nun eine Kleinigkeit genügt, um dich auf die Palme zu bringen oder in tiefe Verzweiflung stürzen. Dass du dich vielleicht noch stundenlang ärgern wirst. An dem Nachgeschmack leiden wirst. Genau.

Es ist also wichtig, dass du gut isst, auch wenn es keinen besonderen Anlass dafür gibt. Du brauchst dir nicht jeden Tag ein Drei-Sterne-Menü zuzubereiten. Achte aber auf gute Qualität der Zutaten und koche lieber etwas Einfacheres. Damit wertest du dich auf, und indirekt dankt es dir die Psyche, indem sie dich in stärkere mentale Zustände bringt.

Zusätzlich gibt es sicher auch bei dir besondere Gerichte oder auch Getränke, die dich in ganz bestimmte Zustände zurückversetzen. Hast du in einem wunderschönen Urlaub einen speziellen Cocktail getrunken, den du mit diesem Urlaub verbindest? Bestell ihn dir, wenn du abends in einer Bar sitzt, um an das Urlaubsgefühl anzuknüpfen, wenn du zum Abspannen dort bist. Bist du aber auf Grund eines Geschäftsmeetings dort, solltest du etwas bestellen, das du mit einem professionellen Auftritt oder Verhandlungsgeschick verbindest. Oder mit der Fähigkeit, eine gute Beziehung herzustellen, je nachdem, worum es an diesem Abend geht.

Zur Feier eines besonderen Erfolgs solltest du keinen billigen, sondern einen guten Sekt trinken oder sogar ein Glas Champagner. Lieber weniger, dafür aber wirklich gut! Das gibt dem Erfolg zusätzlich Kraft und hilft dabei, ihn stärker in die Zukunft wirken zu lassen. Das Ergebnis: Dein Unbewusstes arbeitet mit Freude darauf hin, eine ähnliche Situation zu wiederholen.

Was macht dich glücklich?

Gibt es Gerichte, die dich wirklich glücklich machen? Oder die dich irgendwann einmal glücklich gemacht haben? Vielleicht, als du bei Freunden zum Essen eingeladen warst, im Urlaub oder ganz früher bei der Oma?

Schreib sie dir alle hier auf, auch wenn du sie nicht selbst kochen kannst. Vielleicht findest du für das ein oder andere ja ein Restaurant, wo du sie bekommst, zu besonderen Gelegenheiten: Wenn du ein kompliziertes Projekt abgeschlossen hast, wenn endlich mal der Babysitter Zeit hat und du mit deinem Liebsten ausgehen kannst, wenn Gäste zu Besuch kommen, wenn die Verwandtschaft kommt, die du noch nie leiden mochtest, aber auch nicht immer ausladen kannst, wenn du aus einem ganz normalen Dienstagabend einfach einen besonderen Abend machen möchtest, der aus der Woche eine besondere Woche macht und sie auf eine andere Energieebene hebt.

Wenn schon die Liebe den Weg durch den Magen sucht, solltest du diesen Weg wirklich nicht unterschätzen! Auch alle anderen Gefühle sind über den Magen ansprechbar – er ist wirklich ein ganz wichtiger Schlüssel.

Notiere hier mindestens fünf Gerichte oder Leckereien, die etwas ganz Besonderes für dich sind. Nimm dabei mindestens zwei aus deiner Kindheit, gerne aber auch mehr. Die anderen Gerichte können aus deiner aktuellen Lebenswelt stammen: Solche, die du selbst kochst, einige, die du woanders gegessen hast, oder Köstlichkeiten aus dem Urlaub.

Da kann dann zum Beispiel stehen:

- Pfannkuchen mit Zimtzucker und Apfelmus
- Omas Rinderrouladen mit Soße und Kartoffeln
- Dampfnudeln
- Saure Zungen
- Spaghetti
- Chicken-Curry mit Mandel-Sahnesoße beim Inder
- Bauernbrot, noch warm aus dem Holzofen
- Sushi mit eingelegtem Ingwer und Wasabi
- Englische Chips mit Essig

Jetzt bist du dran!

....

....

....

....

Gegenstände

Solltest du dich fragen, warum ich hier auch Gegenstände thematisiere, denke einfach mal an den Sport. Wenn Sportler bei einem wichtigen Wettkampf ein Maskottchen dabei haben, wirst du sofort verstehen, worauf ich hinauswill.

Vor einiger Zeit hat mich meine neunjährige Tochter sogar auf einen Glücksbringer angesprochen, als eine Klassenarbeit anstand, vor der sie sich fürchtete: »Mama, hast du was, das ich mitnehmen kann und das mir hilft?« Kluge Kleine! Ohne jemals dieses Buch gelesen zu haben, hat sie instinktiv gespürt, dass der richtige Gegenstand in der Hosentasche oder auf dem Pult dabei helfen kann, eine gute Klassenarbeit zu schreiben. Nicht, weil sie plötzlich doppelt so viel weiß wie bisher. Aber weil sie aus einem starken Zustand heraus viel mehr kann als aus einem schwachen und dann ihr Bestes geben kann. Vermutlich hätte sie es nicht so erklärt. Aber sie wusste, dass es funktioniert.

Die Suche nach dem richtigen Gegenstand wurde dann aber kompliziert. Am liebsten hätte sie ihren Teddy mitgenommen, den sie heiß und innig liebt und auf jeder Reise dabeihat. Leider sind Kuscheltiere in der Schule als Begleiter nicht zugelassen. Schließlich haben wir uns dann auf einen Handschmeichler aus meinem Vorrat geeinigt, den sie mühelos ins Federmäppchen schmuggeln konnte. Damit er mit Teddys Kraft aufgeladen wird, hat sie ihn über Nacht zum Teddy ins Puppenbettchen gelegt. Wunderbar!

Gegenstände können richtige kleine Glücksbringer sein. Je häufiger du einen Gegenstand erfolgreich genutzt hast, um mit deiner besten Energie auf der Welle zu surfen, umso wirkungsvoller ist er in der Regel – aufgeladen eben mit vielen guten Erfahrungen, an die sich anknüpfen lässt, schon wenn du weißt, du hast ihn dabei.

Fallen dir ein paar Gegenstände ein, die für dich als Auslöser perfekter Zustände taugen könnten? Notiere sie gleich, um immer an sie zu denken, wenn du sie gebrauchen kannst. Sie versehen ihren Dienst ganz bescheiden und ohne zu murren. Ganz egal, ob du sie nur hin und wieder nutzt oder sie in dein tägliches Gepäck tust!

Gegenstand	Wofür
....	....
....	....
....	....

Personen

Kommt dir das bekannt vor? Du fühlst dich schrecklich und würdest dich am liebsten selbst abschaffen, einfach aus deiner Haut schlüpfen oder in eine fremde hinein. Ich bin sicher, du hast auch schon solche Tage erlebt. Ich jedenfalls kenne sie zur Genüge!

Und dann trifft in einem solchen Moment ein Brief von einem ganz besonderen Menschen ein. Oder eine Mail, das ist ja heutzutage eher üblich. Und auf einmal fühlst du dich ganz anders? Wiederbelebt? Zuversichtlich? Motiviert? Oder voller Kraft?

Manche Menschen haben diese Wirkung auf andere. Andere bewirken genau das Gegenteil. Leider. Und gerade wenn du dich selbst in einem wackeligen Zustand befindest, wird es wahrscheinlich so sein, dass dich bestimmte Menschen, denen du an guten Tagen etwas entgegensetzen kannst, systematisch herunterziehen.

In den folgenden Kapiteln wirst du lernen, was du tun kannst, damit dir das nicht mehr passiert. Das braucht aber ein bisschen Zeit, und in der Zwischenzeit möchtest du ja auch schon stärker sein. Deshalb nimm dir eine wichtige Sache zu Herzen: Meide wo immer möglich solche Menschen, in deren Gesellschaft du in niedrigere Energie rutschst, solange du ihnen nichts entgegensetzen kannst. Manchmal schafft man es, ihnen etwas entgegenzusetzen, so wie Anna das in der 8C gemacht hat. Aber nicht immer klappt es. Dann sorge dafür, dass du möglichst wenig Zeit mit diesen Menschen verbringst. Solltest du dazu gezwungen sein, weil es sich beispielsweise um einen Arbeitskollegen handelt, musst du ja nicht auch noch mittags in der Kantine mit ihm am gleichen Tisch sitzen. Ist es bei euch so üblich, dass direkte Kollegen miteinander zum Essen gehen, lass das Essen in der Kantine sein und geh stattdessen mit einem leckeren Sandwich, das du dir von zu Hause mitbringst, eine halbe Stunde spazieren. Du kannst ja zur Erklärung sagen, dein Arzt hätte es dir verschrieben, du fändest es auch blöd, aber was will man machen? Schließlich möchte man mit 60 ja auch noch gesund sein ...

Warum ein normales Familienleben so wichtig ist
Handelt es sich bei den Menschen, die dich regelmäßig in schlechtere Zustände versetzen, um Leute aus deiner Verwandtschaft, achte ebenfalls darauf, dass du ihnen nicht ständig über den Weg läufst. Manche Familien pflegen beispielsweise die Sitte, sich jedes Wochenende zum Essen zu treffen. Da kocht Mutter, und alle Kinder nebst Anhang und Enkeln strömen herbei. Manchen gefällt das. Die meisten jedoch quälen sich bei solchen Anlässen eher und sind heilfroh, wenn sie die großzügige Tafel endlich wieder verlassen dürfen. Hab kein schlechtes Gewissen, wenn du bei solchen Gewohnheiten nicht mehr mitspielst. Auch wenn unsere Gesellschaft uns verkaufen möchte, so etwas sei gut und das wahre Glück sei in einem harmonischen Familienleben begründet, so gilt das in den seltensten Fällen für die Großfamilie. Mit dem Partner kann man das noch gelten lassen – den hat man sich ja selbst ausgesucht. Aber schon die eigenen Kinder werden froh sein, wenn sie Silvester mit ihren Freunden feiern können und nicht mehr mit Mama und Papa. Ein harmonisches Familienleben ist schön – aber in den seltensten Fällen in den Familien zu finden, die ständig aufeinander hocken. Das ist normal! Hast du verstanden? Es ist normal. Es ist normal, dass sich in Familien der ein oder andere nicht wohlfühlt. Weil Erwartungen an ihn gerichtet werden, die er nicht erfüllen kann oder möchte, ohne sich selbst zu verraten. Weil bestimmte Familienmitglieder die Treffen und die Anwesenden benutzen, um Aufmerksamkeit oder Mitleid abzuschöpfen. Weil die The-

men dich nicht interessieren, um die es geht. Weil du zum hundertsten Mal gefragt wirst, ob ihr nicht auch bald mal ein Baby wollt und du dich schon zwei Jahre mit der Kinderwunschklinik quälst und dich die Nachfragen zusätzlich unter Druck setzen. In der Regel sind Familien die unsensibelsten Gruppen, die es gibt. Sogar in einer Abteilung von Steuereintreibern geht es oft ehrlicher und empathischer zu. Vieles in Familien ist gespielt, eine Inszenierung. Man gibt sich auf eine bestimmte Weise, antwortet auf eine bestimmte Weise, spricht bestimmte Themen nicht an, verheimlicht manches und erzählt anderes, weil man weiß, dass die Familie es gerne hört. Wenn die Inszenierung nicht mehr erfüllt, was erwartet wird, geht das Ganze in die Luft. Besonders häufig ist das an Weihnachten der Fall.

Solltest du zu den wenigen Menschen gehören, die sich in ihrer Familie oder Schwiegerfamilie so geben dürfen, wie sie wirklich sind, mit all ihren Facetten, auch den eigenartigen, dann darfst du das oben Gesagte natürlich gerne überlesen und jedes Wochenende mit deiner Familie verbringen. Dann spricht überhaupt nichts dagegen. Sollte es in deiner Familie aber auch nur ansatzweise so sein wie gerade beschrieben, reduziere die Zeit, die du mit ihr verbringst, auf das wirklich Notwendigste: Geburtstage, Beerdigungen, wichtige Hilfsdienste wie Begleitung zu einem Arzttermin oder Ähnliches. Und überlass deinen Verwandten, sich ebenfalls Freunde zu suchen, genauso wie du dies tust. Da du dir deine Freunde selbst aussuchen darfst, kannst du welche wählen, die dich so mögen, wie du bist. Das stärkt. Alles andere schwächt.

Du brauchst nicht unter einem schlechten Gewissen zu leiden, wenn du dich stärker von deiner Familie abnabelst. Schon in der Bibel steht, dass der Mann das Haus seiner Eltern verlässt und zu seiner Frau geht. Damit ist das reale Haus gemeint, aber auch die Strukturen und Muster der Familie. Deine Aufgabe ist es, selbst welche zu bestimmen, die zu dir passen und hinter denen du selbstbewusst stehst. Da man das nie alleine kann, brauchst du gute Menschen um dich herum, Freunde, Leute, die genau das mit dir teilen.

Eigentlich ist es ganz einfach: Wenn du selbst auf deiner Welle immer häufiger oben surfen möchtest, suche dir genau jene Menschen für deinen täglichen Umgang aus, die schon ein bisschen weiter oben surfen als du. Je mehr Zeit du mit ihnen verbringst, umso mehr ziehen sie dich mit hinauf. Im 3. Kapitel gehe ich darauf noch einmal detaillierter ein.

Für den Moment genügt es, wenn du die Namen von mehreren Menschen aufschreibst, deren Gegenwart dir guttut und dich stärkt, egal wie es dir gerade geht. Es können sogar Menschen sein, die nicht mehr leben und an die du denken kannst. Erinnerst du dich an das Kapitel über die Imaginationen? Lebende Menschen sind natürlich perfekt, weil du sie in natura sehen oder sie anrufen kannst, wenn sie dir guttun würden.

Du kannst alle Namen notieren, die dir jetzt und später einfallen – das sind die Menschen, die dich stärken:

....

....

....

....

Aus der Coaching-Praxis: Alexander

Alexander arbeitet im Vertrieb eines Automobil-Zulieferers. Das macht er schon lange und erfolgreich. Mit vielen seiner Kunden arbeitet er schon seit Jahren zusammen. Er kennt den Ablauf von Verhandlung, Angebot, Ablehnung, weiteren Verhandlungen, Nachlassen, das Haar in der Suppe finden, erneuter Verhandlung bis zum endgültigen Vertrag. Er weiß, das Spiel läuft so. Es ist immer das Gleiche.

Dennoch merkt Alexander, wie seine Energie mit den Jahren nachlässt. Seine Frau meint, es habe mit seinem Alter zu tun, in dem man das viele Herumreisen und den Stress auf der Autobahn nicht mehr so gut verträgt. Er solle sich doch einfach einen ruhigeren Job im Innendienst suchen. Sicher würde er den bekommen. Er sei doch ein verdienter Mitarbeiter, den man nicht verlieren wolle.

Alexander aber vermutet, dass es etwas anderes ist, das ihn auslaugt: Genau dieses Spiel nämlich, das er seit fast 20 Jahren mit seinen Kunden spielt: Er macht ein Angebot und weiß genau, das wird nicht angenommen. Es bessert nach und weiß genau, es geht dann noch weiter. Warum können wir nicht einfach von Anfang an Tacheles reden, ehrlich miteinander verhandeln und uns die ganzen albernen Zwischenschritte sparen, fragt er sich und merkt, dass ihm für das Spiel immer mehr der Nerv fehlt. Ich kann ihn gut verstehen, weil es ja wirklich enorm viele Rituale im Geschäftsleben gibt, die Zeit und Energie kosten und vielleicht auch verzichtbar wären. Aber Alexander kann das natürlich nicht entscheiden, es ist überall in der Branche so, und daran kann er nichts verändern. Heißt: Entweder findet er einen Weg, damit so locker umzugehen, dass es ihn nicht mehr ankratzt, oder er muss sich wirklich einen anderen Job suchen.

Hat Alexander der mühsame Weg bis zum Vertrag anfangs vor allem ermüdet, fühlt er sich inzwischen sogar manchmal fast persönlich angegriffen, wenn ein Kunde ein gutes Angebot zurückweist, obwohl Alexander genau weiß, dass das weder mit dem Angebot zu tun hat noch mit seiner Person. Sein Kopf ist klar und kann alles gut erklären, aber sein Gefühl geht nicht mehr mit. Mit anderen Worten: er befindet sich, wenn er mit seinen Kunden das Spiel spielt, in einem inneren Zustand, der nicht mehr dazu passt. Er befindet sich nicht an der richtigen Stelle auf der Welle. Deshalb brennt er aus.

Was er innerlich bräuchte, ist Alexander schnell klar: Einerseits eine große Gelassenheit und die Fähigkeit, nichts mehr persönlich zu nehmen. Andererseits benötigt er eine absolute Standhaftigkeit, die ihn einfach weiter geradeaus gehen lässt. Er hat nämlich in den letzten Monaten auch gemerkt, dass er immer stärkere Tendenzen hat, Termine zu verschieben und den für ihn unangenehmen Begegnungen mit den schwierigsten Kunden aus dem Weg zu gehen. »Ich müsste total unbeirrbar sein und einfach unangreifbar«, erklärt Alexander. Und auf Nachfrage: »Wie ein Panzer. Der fährt einfach geradeaus weiter, und alles prallt an ihm ab.«

Wunderbar! Genau mit diesem Bild lasse ich Alexander arbeiten. Er fühlt sich hinein und installiert dieses Gefühlt über die 100 Wiederholungen in sich. Schon beim nächsten Termin ist seine Angreifbarkeit verschwunden. Außerdem probiert er, welche Wirkung es hat, wenn er auf den Autofahrten zum Kunden, auf denen er bisher immer Radio gehört hat, Hörbücher hört. Und wirklich: Wenn er bei den Kunden ankommt, fühlt er sich zentrierter und klarer und spürt, dass er etwas drauf hat und gute Angebote machen kann.

Nach einem halben Jahr bemerkt Alexander noch einen unerwarteten Zusatzeffekt: Seine Abschlüsse sind besser geworden. Er lässt sich von seinen Kunden nicht mehr so stark herunterhandeln.

Aus der Coaching-Praxis: Maik

Maik läuft Marathon. Es ist sein Hobby, das er mit Ehrgeiz betreibt. Mit Freunden hat er sich nun zum Bieler 100-km-Lauf angemeldet. Auf diesem Lauf kann er nicht viel Gepäck mit sich führen, und die Verpflegung gibt es unterwegs. Sein Ziel: den Lauf bis zum Ende zu schaffen. Einer seiner Freunde, der das Rennen schon einmal gelaufen ist, warnt ihn vor Kilometer 70. An diesem Punkt würden bei den meisten Läuferinnen und Läufern die große Erschöpfung und die schlimmsten Schmerzen einsetzen, und er fügt hinzu: »Bei 70 Kilometern hast du die Hälfte – und die zweite Hälfte ist die schlimmere.« Für die letzten 30 Kilometer möchte sich Maik nun stark machen.

Da er nichts Materielles mitnehmen kann, suchen wir nach Vorstellungen, die er aktivieren kann, um sich in den optimalen Zustand zu bringen. Wir probieren einiges aus, etwa die Suche nach einem Vorbild, in das er sich hineinversetzen kann. Vorbilder gibt es, aber keiner der Zustände, in den Maik durch das Hineinversetzen gelangt, erscheint stark genug, um die Strapazen des Laufs erträglich zu gestalten. Auch alle Vorstellungen von früheren Erfolgen fallen durch. Bis Maik sein Großvater einfällt. Der lebt nicht mehr, war aber zeitlebens für Maik ein großes Idol und einer der Menschen, die er am meisten geliebt hat. Die besondere Stärke seines Großvaters: Ein unerschütterlicher Glaube an die Kraft der Menschen, auch die schlimmsten Strapazen zu überleben. Als einer, der den Krieg erlebt, dadurch sogar mehrere Geschwister verloren hat, konnte er sich dennoch immer wieder aufrappeln und hat sein Vertrauen in andere Menschen und vor allem in seine eigene Kraft nie verloren. Und schon dem kleinen Maik hat er immer wieder vermittelt, dass er aus allem etwas Gutes machen könne und nie aufgeben solle. Als Maik von seinem Großvater spricht, vollzieht sich mit ihm eine sichtbare Veränderung. Er lebt auf, sein Gesicht spiegelt eine große Zärtlichkeit, aber auch eine große Kraft. »Stell dir vor, du fühlst dich bei Kilometer 70 genauso wie jetzt, du hast Blasen an den Füßen und deine Muskeln schmerzen bei jedem Schritt«, sage ich zu ihm. »Dann laufe ich einfach weiter«, stellt Maik fest. »Es sind ja nur noch 30 Kilometer.«

Aus einer Kiste kramt Maik ein Foto von seinem Großvater hervor, auf dem dieser etwa so alt ist wie Maik jetzt. Das stellt er sich auf den Nachttisch, ein weiterer Abzug davon findet im Wohnzimmer seinen Platz. Er nimmt sich jeden Abend vor dem Schlafengehen Zeit, um in seiner Vorstellung kurz mit seinem Großvater zu sprechen; auch und vor allem über den bevorstehenden Lauf. Sein Großvater rät ihm in diesen imaginierten Dialogen dazu, sich wohl gut vorzubereiten, sich aber nicht zu sehr zu fürchten. Das wird schon alles klappen.

Außerdem stellt sich Maik bei längeren Trainingseinheiten vor, sein Großvater sei an seiner Seite. Er merkt, dass ihn diese Vorstellung am meisten stärkt, wenn er ihn sich an seiner rechten Seite vorstellt. Dann laufen seine Füße mit größerer Leichtigkeit, er fühlt sich freier, stärker und frischer als ohne diese Vorstellung.

Das ist es, was er dann auch auf den Lauf mitnimmt. Bei Kilometer 73 kommt die erwartete große Erschöpfung. Sofort holt sich Maik in der Vorstellung seinen Großvater an seine Seite. Er kann weiterlaufen. Im Rückblick sagt er: »Der Lauf war gut, konnte alles geben, was ich habe. Jetzt weiß ich, dass meine Grenzen viel weiter sind als ich bisher dachte.«

Aus der Coaching-Praxis: Anke

Ich möchte nun noch ein kleines Beispiel aus meiner eigenen Erfahrung beisteuern. Ich schreibe gerne, habe dafür aber eigentlich keine Zeit. Mit Coachings, Vorträgen, kleineren Veröffentlichungen, meiner Familie und meinen Freunden ist mein Alltag mehr als ausgefüllt. Arbeite ich im Büro an einem Buchprojekt, komme ich zwar voran, aber nicht schnell genug, um es in vertretbarer Zeit fertigzustellen. Vieles lenkt mich ab – vor allem innerlich. Das Büro ist mit so vielen anderen Dingen verknüpft, dass es mir dort nicht gelingt, in den Zustand zu kommen, den ich beim Schreiben eigentlich brauche: ein Zustand, in dem ich hellwach bin und stundenlang vor dem Computer sitzenbleiben kann, während meine Finger tippen und der Text aus meinem Kopf fließt – ein intensiver Flow-Zustand, der eine ganze Woche andauert und durch das ganze Projekt trägt. Damit mir das gelingt, nutze ich gleich mehrere Auslöser. Fehlt einer, klappt es nicht mehr so gut, und ich brauche viel länger bis zum Abschluss des Projektes.

Zuerst bitte ich jemanden von meinen Bekannten in Barcelona, mir für eine Woche einen Arbeitsplatz zur Verfügung zu stellen. Dann packe ich meinen iPod ein, außerdem einen Krimi für abends, um vor dem Einschlafen aus dem Schreibmodus wieder herauszukommen. Optimal eignet sich Fred Vargas, oder auch Alicia Giménez-Bartlett, deren Krimis in Barcelona spielen. Sobald ich in Barcelona angekommen bin, kaufe ich eine ganz bestimmte Sorte Oliven, die ich nachmittags beim Schreiben esse, wenn die Aufmerksamkeit nachzulassen droht.

Außerdem folge ich einem ganz klar strukturierten Plan, der sich nach einigem Ausprobieren als die produktivste Variante herausgestellt hat: Ich schlafe aus und fange gegen 9.30 Uhr an zu schreiben. Währenddessen mache ich mir immer mal wieder einen Kaffee und trinke viel Wasser. Falls ich gegen 11 Uhr Hunger bekommen, esse ich am Computer einen Toast mit Bitterorangenmarmelade oder etwas Obst. So verliere ich den Faden nicht. Gegen 15 Uhr ist dann Pause angesagt, ich bereite mir eine leichte Mahlzeit zu. Habe ich ein großes Kapitel geschafft, esse ich draußen in einem der vielen Restaurants oder in einer Bar und trinke ein Glas Wein dazu. Dann ist Siesta. Bin ich sehr müde, lege ich mich etwas hin, schlafe aber nicht länger als eine halbe Stunde. Oder ich spaziere eine oder zwei Stunden durch die Straßen oder hinunter zum Meer. Ich bade aber nicht und meide die Sonne, weil ich sonst zu erschöpft bin, um am Abend weiterzuarbeiten. Manchmal setze ich mich auch mit einem Fachbuch in ein Café in der Altstadt und trinke einen Café cortado. Auf jeden Fall kaufe ich in einem der wunderbaren Obst- und Gemüsegeschäfte noch etwas für mein Abendessen: Avocados, süße reife Tomaten, Erdbeeren, Mango oder Ananas. Darauf freue ich mich dann den ganzen Abend. Gegen 17.30 Uhr setze ich mich wieder an den Computer und arbeite dann bis in die Nacht hinein, mindestens fünf Stunden. Erst anschließend bereite ich mir mein Abendessen zu, genieße die kühle Luft auf der Dachterrasse oder auf dem Balkon, telefoniere mit meinen Lieben zu Hause, wenn sie noch nicht alle schlafen, dusche und lege mich dann mit meinem Krimi ins Bett. Meist brauche ich eine halbe Stunde, bis ich zur Ruhe gekommen bin, dann fallen mir die Augen zu.

Bin ich mit meiner Arbeit schnell, habe ich am Ende meines Aufenthalts noch einen Tag Zeit, um die Stadt zu genießen, ein Museum zu besuchen, durch die Boutiquen zu schlendern und leckere Dinge für zu Hause einzukaufen. Das motiviert natürlich, und so schaffe ich es, vor dem letzten Tag noch einmal richtig Gas zu geben.

Damit ich das kann, brauche ich außerdem Musik. Deshalb habe ich während des Schreibens fast durchgehend meinen iPod auf den Ohren. Einige wenige Stücke von Neil Cowley und dem Tingvall Trio wiederholen sich in Endlosschleife, jeden Tag, und immer, wenn ich schreibe – egal, was das ist! Eigentlich höre ich die Musik schon lange nicht mehr bewusst, aber setze ich die Kopfhörer ab, verlangsamen sich die Bewegungen meiner Finger auf der Tastatur.

Für meinen Zustand zum Schreiben auf der Welle braucht es also die Umgebung (ganz egal, wie die Unterkunft aussieht, und ob ich zum Arbeiten einen geräumigen Schreibtisch habe oder nur einen Winkel in meinem Schlafzimmer), die optimale Einteilung des Tages, die besonderen Oliven, die ganz besondere Musik und die Aussicht auf einen ganzen freien Tag in einer Stadt, in der ich mich wohlfühle.

3
Energie und Resonanz: Wie Menschen sich gegenseitig beeinflussen

Die Gesellschaft von anderen Menschen kann dich auf der Sinus-Kurve nach unten oder auch nach oben ziehen. Deshalb habe ich im letzten Kapitel angeregt, dir die Menschen, mit denen du deine Zeit verbringst, bewusst auszusuchen. Aber nicht immer ist das möglich. Menschen, denen man schlecht aus dem Weg gehen kann, sind zum Beispiel:

- die Kollegin im Büro, die ständig am Klagen ist;
- der Chef, der total angespannt durch die Abteilung tigert, wenn er Sorgen hat, was momentan häufig der Fall ist, weil die Firma vor einer Übernahme steht;
- dein wichtigster Kunde, von dessen Aufträgen du die meisten deiner Mitarbeiter bezahlst, der aber ein Charakterschwein ist;
- deine leicht demente Mutter, deren Haus du geerbt hast und die eine Etage tiefer wohnt und klingelt, wenn sie etwas braucht – das geschieht mehrmals täglich und manchmal auch nachts;
- deine beste Freundin, die gerade akuten Liebeskummer hat und dich wirklich braucht, obwohl sie dir mit ihrem Leid auch auf die Nerven geht. Du hast ihr schon vor einem Jahr gesagt, dass ihr Freund nicht treu sei, und nun ist sie deswegen aus allen Wolken gefallen … Und anstatt froh zu

sein, dass sie ihn los ist, ist sie immer noch überzeugt davon, dass er ihr Traummann war;
- der unfreundliche Nachbar aus dem zweiten Stock, der dir demonstrativ schon am Freitagabend lautstark das Kehrwochenschild an die Wohnungstür hängt, obwohl du immer am Sonntag fegst und das auch noch nie vergessen hast, und der penibel darauf achtet, dass du um Punkt 22 Uhr die Musik ausstellst. Dabei fragst du dich, wie der das überhaupt hören kann, ohne an deiner Tür zu lauschen;
- der missmutige Busfahrer, an dem du jeden Morgen vorbei musst, wenn du um 8 Uhr die erste Vorlesung hast und eh noch hundemüde bist.

Das sind nur wenige Beispiele von vielen. Sicher gibt es in deinem Leben auch ein paar Miesmacher, die dir spontan einfallen. Deshalb zeige ich dir in diesem Kapitel, wie du dich auch in ihrer Gegenwart auf einem guten Energielevel hältst und dich nicht von ihnen runterziehen lässt. Denn genau das passiert sonst leicht, durch einen Prozess, mit dem du dich vielleicht mal im Physik-Unterricht beschäftigt hast: Resonanz. Der Begriff bezeichnet das Mitschwingen eines Körpers mit einem anderen Körper, und was das für deinen Energiehaushalt bedeutet, werden wir uns jetzt mal genauer anschauen!

Resonanz: Anstecken oder geschluckt werden

Stell dir folgende Situation vor, die du so oder so ähnlich bestimmt schon mal erlebt hast: Du bist in einer Runde von Menschen, ihr feiert gemeinsam. Plötzlich geht die Tür auf, ein verspäteter Gast kommt und setzt sich zu euch an den Tisch. Innerhalb von einem Augenblick verändert sich die Stimmung. Entweder verstummen bestimmte Gespräche, die fröhliche Stimmung von gerade eben ist weg. Oder aber die Stimmung steigt innerhalb von kürzester Zeit. Endlich wird der Abend lustig! Der Neuankömmling hat mit seinem Auftauchen die ganze Atmosphäre verändert.

Andersherum geht es auch. Jemand kommt dazu und wird von der Stimmung der Anwesenden »geschluckt«. Es ist einer mehr da als vorher, aber sonst hat sich nichts verändert.

An diesen Beispielen wird deutlich, wie Resonanz funktioniert: Wo sich mehrere Menschen zusammenfinden, begeben sie sich nach und nach auf die gleiche Schwingungsebene. Anfangs schwingt jeder für sich auf eine ganz bestimmte Art. Am Ende schwingen alle gleich. Und wenn sie sich trennen, nehmen sie diese gemeinsame Schwingung mit. Manche Menschen behalten sie eine ganze Weile, eventuell sogar dauerhaft. Manche fallen schnell wieder in die Schwingung zurück, die sie vorher hatten oder die bei ihnen zu Hause vorherrscht.

Wenn du in einem fernen Land Ferien machst und dich dort unter die Einheimischen mischst, wirst du dich zwangsläufig ein wenig an deren Temperament anstecken. Vielleicht erlebst du sogar ein anderes Lebensgefühl als zu Hause. Manchmal führt das dazu, dass jemand immer wieder in das gleiche Land zurückreist, sich dort richtig mit dem dort vorherrschenden Lebensgefühl auftankt und schließlich ganz gestärkt nach Hause zurückfährt. Wieder in der Heimat, lässt bei den meisten Menschen das veränderte Lebensgefühl nach einer gewissen Zeit aber wieder nach. Das ist normal, weil du in deiner gewohnten Umgebung wieder von Menschen umringt bist, die »gewohnt« schwingen. Und denen du dich nach und nach wieder angleichst.

Resonanz ist kein bewusstes Phänomen. Sie scheint eher ein Naturgesetz in menschlichen Beziehungen zu sein, das wirkt, ohne dass wir es bewusst beeinflussen. Verbringen wir eine ganze Woche in Gesellschaft von Miesepetern, ist es schwierig, nicht irgendwann ebenfalls schlechte Laune zu haben. Andersherum ist es aber genauso: Gehst du in mieser Stimmung auf eine Party, wo alle fröhlich und gut drauf sind, wirst du früher oder später davon angesteckt werden und dich freuen, dass du entgegen deiner ursprünglichen Absicht doch aus dem Haus gegangen bist.

Erinnerst du dich an Roland, von dem ich im 1. Kapitel erzählt habe? Stell dir vor, er befindet sich auf der Sinus-Kurve ziemlich weit oben. Seine Frau Sonja, die nach ihrem Unfall unter einer Posttraumatischen Belastungsstörung leidet, befindet sich ganz unten.

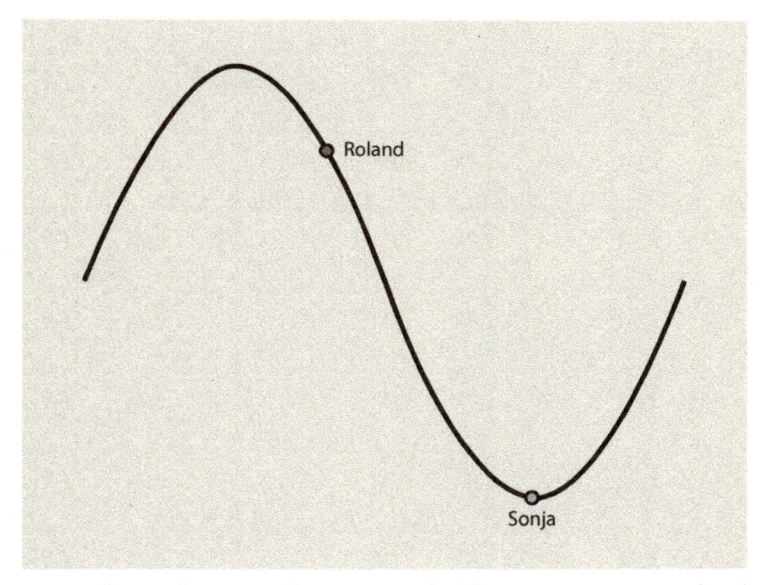

Nun gibt es theoretisch zwei Möglichkeiten. Erstens, Roland zieht Sonja mit nach oben:

Roland und Sonja

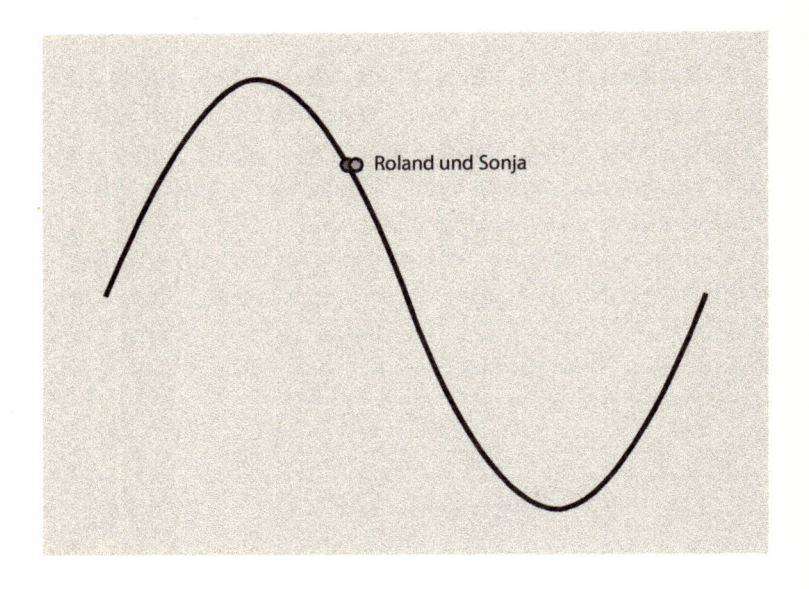

Oder aber Sonja zieht Roland zu sich herunter. Das sieht dann so aus:

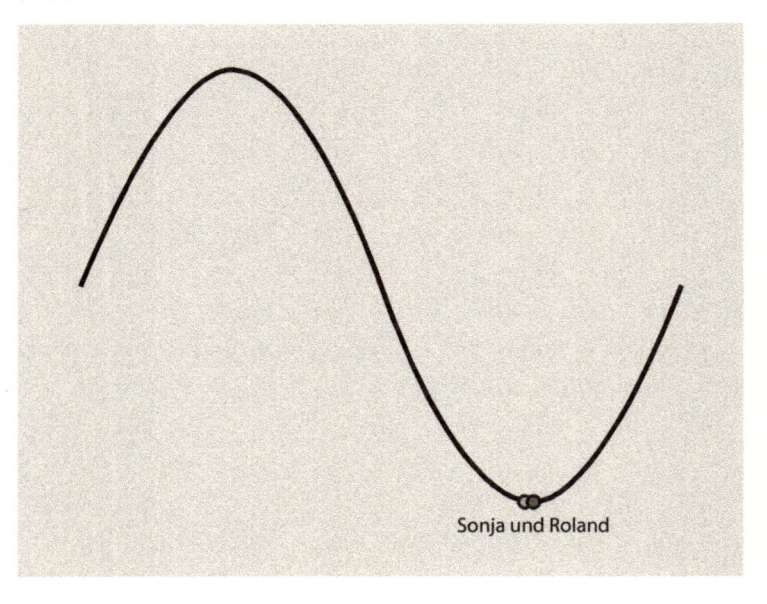

Sonja und Roland

Auch wenn man erwarten würde, dass sich zwei Menschen in einer solchen Konstellation in der Mitte der Kurve treffen, passiert das außerordentlich selten. Und auch, wenn eine größere Gruppe einander begegnet, ist das energetische Ergebnis dieses Treffens so gut wie nie das Mittel der bisherigen Zustände. Es scheint so, als ob immer einer gewinnt. Resonanz bedeutet in diesem Fall, dass sich einer auf den Zustand des anderen einschwingt und der andere seinen Zustand behält. Manche Menschen, die besonders feinfühlig sind, können sich sogar auf das Energieniveau ihnen völlig fremder Menschen einschwingen. In der Regel handelt es sich dabei um eine Form der Hochsensibilität.

Resonanz ist nicht nur ein mentales Phänomen

Resonanz wird auch auf ganz anderen Ebenen wirksam. Dazu ein paar Beispiele:

- Menschen, die schon lange zusammenleben, haben manchmal im gleichen Moment die gleiche Idee. Es kann sein, dass sie im gleichen Moment zum Telefonhörer greifen, wenn sie an verschiedenen Orten sind. Möglicherweise sagt der eine: »Lass uns heute ins Kino gehen!«, worauf der andere verblüfft entgegnet: »Gerade hatte ich die gleiche Idee.«
- Berichte aus Mädcheninternaten, in denen die jungen Mädchen nicht nur gemeinsam den Unterricht besuchen, sondern sich den größten Teil der Zeit im gleichen Raum aufhalten – also auch nachts – legen nahe, dass sich mit der Zeit die Menstruationszyklen der Mädchen aneinander anpassen. Beginnt die Menstruation bei der ersten, fängt sie auch nach kurzer Zeit bei den anderen Mädchen an.
- Vogelarten, die ein Gelege von mehreren Eiern haben, legen diese meistens im Lauf von zwei bis drei Wochen in das Nest und bebrüten sie. Die kleinen Vögelchen schlüpfen dann aber alle innerhalb weniger Tage. Das bedeutet nichts

anderes, als dass sich manche langsamer entwickeln als andere. Unwissenschaftlich ausgedrückt: Während die Vögel in den frühen Eiern gewartet haben, haben die in späten Eiern sich beeilt, sodass sie alle miteinander groß werden und jedes eine Überlebenschance im Nest hat.
- Hängt man viele mechanische Pendeluhren in einem Raum auf, so ticken diese ja anfangs alle ganz wild durcheinander, jede im Sekundenrhythmus. Nach einigen Wochen gleichen sich die Pendel mehr und mehr aneinander an. Die Uhren ticken fast im Gleichschlag.

Wenn du erleben möchtest, wie das zwischen zwei Menschen geschieht, kannst du die folgende Übung ausprobieren.

Zum Ausprobieren:
Trainiere dein Spürbewusstsein

Welchem Menschen fühlst du dich immer wieder sehr nah? Deinem Partner oder deiner Partnerin? Einem guten Freund oder einer guten Freundin?

Verabredet euch zu einer bestimmten Zeit, in der ihr nicht gemeinsam in einem Raum oder einem Haus seid. Zum Beispiel um 10.15 Uhr, wenn ihr zu diesem Zeitpunkt beide bei der Arbeit seid, an verschiedenen Orten. Notiert beide genau zu dieser Zeit, wie ihr euch gerade fühlt und was euch beschäftigt. Kurz und in Stichpunkten.

Nun schließt jeder von euch die Augen und denkt ein oder zwei Minuten an den anderen. Versucht, ein Gefühl dafür zu bekommen, wie der andere sich fühlt oder was ihn gerade beschäftigt. Egal, wie spekulativ es dir vorkommt, woran du jetzt denkst und was du vom anderen zu erspüren glaubst: Schreibe es ebenfalls auf.

Am Abend sprecht dann über eure Erfahrungen und tauscht euch aus. Gibt es Übereinstimmungen und Schnittmengen?

Wenn du diese Übung mit verschiedenen Menschen machst, wirst du feststellen, dass du von bestimmten Menschen auch in der Ferne viel mitbekommst. Von anderen weniger. Und dass du die Fähigkeit, Dinge zu erspüren, trainieren kannst. Sie wird mit der Zeit besser!

Das schwerste Pendel gewinnt

Wenn nun im Internat alle Mädchen zur gleichen Zeit menstruieren oder in einer Familie alle zur gleichen Zeit Hunger bekommen, ist das erst einmal eine Überraschung, und sie wirft eine bedeutende Frage auf, ohne die es wenig Sinn machen würde, sich mit dem Phänomen der Resonanz zu beschäftigen: Welche der Mädchen behalten ihren ursprünglichen Zyklus, und welche gleichen sich an? Anders gefragt: Wer sind diese Leute, die es immer schaffen, eine Party zu einem tollen Ereignis zu machen und mit ihrer guten Laune alle anstecken, egal, in welchem tiefen Tal die gerade stecken? Wie machen sie das? Oder auch: Welche Penduluhr behält ihren ursprünglichen Rhythmus?

Bei den Uhren ist die Frage schnell beantwortet: Es ist das schwerste Pendel, das gewinnt. Die leichteren passen sich an.

Genauso ist es auch, wenn wir Menschen uns einander in unseren Zuständen angleichen. Der Zustand, der das größere Gewicht hat, hat die größte Anziehungskraft für die anderen. Was genau aber bedeutet das für die Energiezustände?

Es wäre wünschenswert, wenn die positivere Energie, also der Zustand, der auf der Welle am weitesten oben ist, das stärkste Pendel hätte. Manchmal ist das so. Genauso häufig, wenn nicht noch häufiger, kann aber auch die negative Energie das stärkere Pendel haben. Ist jemand frisch verliebt, ist es fast nicht möglich, ihn von seiner Wolke herunterzuholen. Andersherum bekommt man einen chronisch depressiven Menschen schwer aus seinem Tal heraus. Wahrscheinlicher ist es, dass er im Laufe der Jahre seine gesamte Familie mit hinunterzieht.

Ein starkes Pendel ist nicht angeboren

Wir haben nicht von Natur aus ein starkes oder ein schwaches Pendel. Und es gewinnt nicht automatisch die positive oder die negative Schwingung. Wovon also hängt es ab, in welchem Zustand sich Menschen gemeinsam einpendeln?

Paare erleben das häufig: Wenn einer in einer starken Energie ist und der andere in einer schwachen, steckt heute der erste den zweiten mit seiner positiven Energie an. Einen Tag später passiert das Gegenteil: Der, der am Morgen noch voller Elan war, sitzt am Abend mit dem anderen zusammen im Jammertal und es gibt Streit.

Allerdings beobachten wir häufig, dass sich manche Menschen leichter damit tun als andere, auf der Welle zu bleiben, wenn sie von Menschen umgeben sind, die weiter unten unterwegs sind. Wieder andere werden wie Blätter im Wind überall dorthin geweht, wo andere sind und »stecken« sich ständig an. Wenn sie mit einem nahen Menschen schwingen, dem es schlecht geht, leiden sie so lange mit, bis der andere wieder auf dem aufsteigenden Ast ist und richten in der Regel ihr ganzes Tun darauf aus, damit das gelingt.

Wenn du zu diesen Menschen gehörst, wirst du wahrscheinlich bei der kleinen Übung des Gefühle-Lesens auf Entfernung gut abgeschnitten haben. Gleichzeitig kannst du mit dem Powerfeld-Modell im Kapitel 4 etwas dafür tun, dass sich deine Gesamtenergie verbessert. Außerdem wird es Zeit, dass du die Möglichkeiten des Achtsamkeitstrainings und der energetischen Methoden zur Stärkung deiner Mitte nutzt, um mit dir selbst gut in Kontakt zu bleiben oder zu kommen. Hier liegt der Schlüssel für ein stabiles Pendel.

Die Krux mit der Empathie

Uns Menschen ist die Fähigkeit, Empathie zu lernen, angeboren: Wir können uns in andere hineinfühlen und deshalb wissen, wie es ihnen geht und was sie brauchen. Diese Fähigkeit ist ein grundlegender Schlüssel zu unserem Überleben: Es ist unsere biologische Natur, in Gruppen mit anderen zusammenzuleben, und kein Mensch ist in der Lage, komplett ohne die Hilfe von anderen zu überleben. Wir sind nicht dazu gemacht, als einsame Selbstversorger in einer Höhle im Gebirge zu leben.

Empathie und die Fähigkeit zur Resonanz entwickeln sich in der Regel ab der frühesten Kindheit und bilden sich mit fortschreitendem Alter bis in die mittleren Zwanziger mehr und mehr aus. Ich stelle mir vor, dass Empathie eine emotionale Verbindung zwischen Menschen herstellt.

Neuro-Wissenschaftler haben versucht, die Fähigkeit zur Empathie mithilfe von Spiegelneuronen zu erklären. Darunter verstehen sie Nervenzellen im Gehirn, die auf Mimik, Haltung, Tonlage und weitere Signale anderer Menschen so reagieren, als hätten wir selbst diese Mimik, Haltung, Tonlage und so weiter. Das führt dazu, dass wir mit einem bestimmten Zustand reagieren, mit einem konkreten Gefühl, und daraus ableiten können, dass sich unser Gegenüber genauso fühlen müsste. Die Existenz dieser Spiegelneuronen ist aber noch umstritten.

Stellen wir uns einfach mal vor, es gebe, wenn ich mich auf einen Menschen einlasse oder mich mit ihm beschäftige, eine unbewusste Verbindung von mir aus zu diesem Menschen, über die ich spüren kann, wie er sich fühlt. Das kann schon der Fall sein, wenn ich denjenigen an meinen Tisch eingeladen habe. Dort sitzt er nun mit vielen anderen Menschen gemeinsam und isst. Dann hätte ich direkten Zugang zu seinem Energieniveau und könnte es wahrnehmen. Da Menschen, die sich selbst gut bewusst wahrnehmen, häufiger als andere die Stimmung anderer erspüren können und trotzdem in ihrer eigenen bleiben, wenn sie das möchten, liegt es nahe zu denken, dass ich nun entweder meinen inneren Schwerpunkt bei mir selbst lassen und meinen Energiezustand behalten kann – oder aber meinen inneren Schwerpunkt über die Verbindung zum anderen in ihn hinein verlege und mich auf seinen Energiezustand einpendle.

Allerdings gibt es auch bestimmte Situationen, in denen es Menschen nicht gelingt, sich auf die Energiezustände anderer einzupendeln, selbst wenn sie es normalerweise gut können. Das ist zum Beispiel so, wenn du frisch verliebt bist. Nichts holt dich von Wolke sieben herunter. Das Gleiche gilt, wenn jemand schon eine ganze Zeit lang von sich oder dem Leben enttäuscht ist und in Gedanken ausschließlich um seine Enttäuschung kreist – dann hängt er darin fest und ist nicht mehr gut in der Lage, sich auf einen anderen Menschen einzuschwingen.

Die Eigenschaften unseres Pendels werden in der Kindheit geprägt

Ob wir mit unserem Schwerpunkt eher bei uns selbst bleiben oder ihn in unser Gegenüber verlagern, ist Folge von Prägungen. Menschen, die in ihrer Kindheit darauf angewiesen waren, ganz schnell zu erkennen, in welcher Stimmung ihre Eltern gerade waren, weil sie sich an Tagen schlechter Stimmung dann schnell aus dem Staub machen mussten, neigen auch als Erwachsene dazu, ihren Schwerpunkt in andere zu verlegen. Sie haben eine besonders gut ausgebaute Fähigkeit, innerhalb von Millisekunden zu wissen, wie ihr Gegenüber sich fühlt, können sich davon dann aber nur ganz schlecht wieder distanzieren. Deshalb leiden sie immer intensiv mit, wenn es anderen schlecht geht. Da reicht es manchmal schon, wenn sie einfach nur die Nachrichten sehen. Ähnliches gilt auch für Menschen, deren Eltern in der Kindheit emotional beschädigt waren, zum Beispiel im Zusammenhang mit einer psychischen Erkrankung. Diese Kinder haben ebenfalls früh gelernt, für ihre Angehörigen Sorge zu tragen und Verantwortung zu übernehmen und ihnen nicht nur praktisch Hilfe zukommen zu lassen, indem sie zum Beispiel viele Aufgaben im Haushalt übernommen haben, sondern ihnen auch emotional Gesellschaft zu leisten. Auch diese Kinder werden als Erwachsene dazu neigen, ihren Schwerpunkt leicht zu verlieren.

Kinder, die das Glück haben, in der Obhut von Erwachsenen aufzuwachsen, die ihre Kinder lieben, sie aber nicht brauchen, Eltern, die gut zurechtkommen und für ihr Glück sorgen können, diese Kinder haben eher die Möglichkeit zu lernen, bei sich zu bleiben und können das später auch besser. Sie müssen ja ihren Eltern nicht beim Überleben helfen.

Gelegentlich gibt es dann noch solche Menschen, die entschieden haben oder gezwungen waren, sich ganz von ihrem Mitschwingen-Können abzuschneiden. Sie leben zu einem Großteil in ihrer eigenen Welt, spüren wenig von anderen, können mit diesen aber auch nicht in Kontakt treten, um von ihnen zu profitieren. Daher fällt es ihnen schwer, soziale Beziehungen aufzubauen. Diese Menschen können einen Abend in Gesellschaft anderer Personen verbringen, ohne einen »Draht« zu ihnen zu finden. Sie wirken wie in ihrer eigenen Welt, ohne emotionalen Kontakt zu den anderen.

Nun ist aber das, was dich in deiner Kindheit geprägt hat,

kein Schicksal, das dich dein Leben lang begleiten muss. Was wir einmal gelernt haben, können wir auch umlernen. Neigst du dazu, zu häufig deinen Schwerpunkt zu verlieren und dich von fremden Pendeln anstecken zu lassen, nutze ab sofort die Übungen zum Achtsamkeits- und Wahrnehmungstraining, die ich dir im 5. Kapitel vorstelle. Außerdem kannst du schon mit allen Aspekten von Auslösern (siehe Kapitel 2) experimentieren, die du für dich positiv und hilfreich findest.

Wie du deine Energie insgesamt verstärken kannst, zeige ich dir im folgenden Kapitel. Dort lernst du viel darüber, wie du dem weit verbreiteten Burnout vorbeugen kannst und etwas für deine gesamte Lebenskraft tust. Vorher aber geht es noch kurz um den Umgang mit Energievampiren.

Wie du jedem Energievampir die kalte Schulter zeigst

Energievampire sind sehr lästige Zeitgenossen. Sie gehören nicht zu den Menschen, die dich je nach ihrem Zustand rauf- oder runterziehen können, nein, sie bringen dich immer in einen Zustand schlechter Energie, wenn du deinen nicht halten kannst. Da sie ein sehr schweres Pendel haben, meist durch langjähriges Training, ist es nicht leicht, ihnen Widerstand entgegenzusetzen.

Aus der Coaching-Praxis: Nicole

Nicole ist mit den Nerven am Ende. Sie geht vormittags einer Teilzeitbeschäftigung nach, nachmittags kümmert sie sich um ihre zwei süßen kleinen Töchter und zusätzlich mitunter um das ein oder andere Nachbarskind, das zum Spielen vorbeischaut.

Die Freundinnen von Nicoles Töchtern wohnen in dem ruhigen Wohngebiet direkt um die Ecke. Jeder hilft jedem – im Prinzip. Das ist ja eigentlich eine tolle Sache, wenn da nicht Stefanie wäre, die Mutter von Mias bester Freundin. Sie ist ein Energievampir. Ständig zieht sie über die anderen Nachbarn her: »Manfred ist schon wieder fremdgegangen. Arme Sarah!« Oder: »Dass die Maiers ihren Müll immer auf den letzten Drücker rausstellen … Irgendwann kratzen die noch unser Auto an. Ich finde das voll rücksichtslos.« Nicole interessiert das nicht, sie lästert nicht gern, aber Stefanie lässt nicht locker. Sie will noch Bestätigung von Nicole! Diese versucht zu beschwichtigen: Nicht einlenken, aber auch nicht direkt widersprechen. »Weißt du, ich mische mich da nicht ein. Sollen die leben wie sie wollen«, ist eine von Nicoles Standardaussagen, wenn Stefanie über jemanden herzieht. Trotzdem ist sie mit den Nerven am Ende. Am liebsten würde sie Stefanie links liegen lassen.

Ich bestärke sie darin: Nicole soll weiter darauf hinwirken, dass ihre Töchter miteinander spielen, aber keine Zeit mit Stefanie verbringen. Jede Ausrede ist gut: »Sorry, ich bin total spät dran. Lass uns ein andermal reden.« Und zwar immer! Nach einer Weile funktioniert es auch. Stefanie lässt Nicole mehr und mehr in Ruhe und redet dafür mehr mit anderen. Nicole hat die Vermutung, dass Stefanie nun über sie herzieht. Aber was soll's? Ihr liegt ja nichts an ihr. Und mit den anderen versteht sie sich weiter gut. Energievampire tauschen ihre Gesprächspartner aus, wenn einer nicht aufmerksam genug zuhören möchte.

Kennst du einen Energievampir, gib ihm so wenig Zeit wie nur irgend möglich. Energievampire haben keine Gnade mit dir. Im Umgang mit ihnen darfst du ruhig auf eine Weise unhöflich sein, auf die du bei anderen Menschen nicht zurückgreifen würdest. Weil es Energievampiren egal ist, wie du dich fühlst, hast du dazu jedes Recht. Obwohl die meisten Energievampire ihre Belästigungen in einem Kleid von wohlmeinender Nächstenliebe verstecken, tust du, indem du dich von ihnen fernhältst, genau das Passende. Es ist nichts anderes als Notwehr. Energievampire lassen sich nicht erziehen. Das Mittel der Wahl ist die Flucht.

Aus der Coaching-Praxis: Sarah

Zugegeben: Die Geschichte von Sarah ist vielleicht nicht so leicht zu übertragen. Sie hat mir aber so imponiert, dass ich sie dir nicht vorenthalten möchte. Vielleicht inspiriert sie dich zum kreativen Umgang mit einem besonders lästigen Energievampir.

Der ist Sarah in Person eines Arbeitskollegen begegnet, mit dem sie das Büro teilt. Dieser Herr scheint ein extrem schlechtes Selbstwertgefühl zu haben. Wie sonst könnte man sich erklären, dass er ständig von seinen Eroberungen berichtet? Die interessieren Sarah herzlich wenig, und weil ihr Kollege dabei nicht mit Details spart, ist sie nach einer Weile genervt und angeekelt. Sie will einfach nicht wissen, wen dieser Unsympath angeblich abgeschleppt hat und ob die Dame ein Höschen anhatte oder nicht.

Weil Sarah klare Worte mag, nutzt sie diese, um ihren Kollegen darauf hinzuweisen, dass er seine privaten Geschichten für sich behalten solle. Aber er hört nicht auf. Eine Freundin von Sarah gibt ihr zu bedenken, dass der Kollege möglicherweise in Sarah verliebt ist und ihr imponieren möchte, um sie zu gewinnen. Sie solle ihm durch die Blume mitteilen, dass sie in einer festen Beziehung sei, damit er einsieht, dass er keine Chance bei ihr hat.

Da Sarah zwar gerade keinen Partner hat, die Idee aber gut findet, vereinbart sie mir ihrer Freundin, dass die ihr hilft. Nachdem Sarah einige Zeit lang immer mal wieder von einem jungen Mann gesprochen hat – »Nein, da war ich nicht, Dominik war da« –, telefoniert sie auch gelegentlich vom Büro aus mit diesem Dominik (und in Wirklichkeit mit ihrer Freundin), damit ihr Kollege sieht: Die Sache ist ernst.

Aber noch immer lässt der mit seinen Belästigungen nicht locker.

Die gemeinsame Vorgesetzte, der Sarah schließlich ihr Leid klagt – verbunden mit der Bitte um eine neue Bürogemeinschaft –, hilft ihr auch nicht weiter: Sie haben kein anderes Büro, die Einteilung sei sinnvoll, weil Sarah inhaltlich am engsten mit diesem Kollegen zusammenarbeite und die Wege so am kürzesten seien. Sarah solle halt einfach auf Durchzug stellen, dann höre der schon auf. Wenn die wüsste!

Schließlich greift Sarah zu einem etwas ungewöhnlichen Mittel: Sie kommuniziert paradox, völlig sinnentleert, sobald ihr Kollege wieder persönliche Geschichten erzählt. Das hört sich dann so an:

Kollege: »Du hättest die Schnecke sehen sollen, die ich am Freitag kennengelernt hab!«

Sarah: »Ich finde das voll eklig, Schnecken zu essen, genauso wie Froschschenkel.«

Kollege: »Ich meine eine Frau!«

Sarah: »Aber gab es denn keinen Spargel?«

Kollege: »Die hatte einen Mini an, da wird einem schon beim Hinschauen heiß!«

Sarah: »Eigentlich finde ich ihn mit Sauce hollandaise am besten. Wenn die nicht so viele Kalorien hätte. Hast du eigentlich eine Idee, wie Braunschweig am Samstag gespielt hat?«

Kollege: »Sag mal, spinnst du jetzt?«

Sarah: »Was, haben die schon wieder verloren?«

… und so weiter.

Das Resultat? Während Sarah alle beruflichen Gespräche mit ihrem Kollegen sachlich, logisch und professionell führte, blieb sie bei den persönlichen Themen stur bei ihrer Strategie. Ganze drei Wochen. Danach war der Spuk vorbei. Der Kollege hatte offensichtlich die Lust verloren. Er ließ Sarah in Ruhe.

4
Das Powerfeld-Modell

Nun hast du schon viel darüber erfahren, wie du einzelne Energiezustände abrufen kannst und dich da einschwingst, wo es für dich gerade am besten ist. Das ist nicht immer der gleiche Zustand, aber in der Regel einer, der dich in eine hohe Energie bringt. Diese hilft dir dann zu powern, dich zu konzentrieren oder zu entspannen, je nachdem, was gerade erforderlich ist. Wovon hängt es aber ab, wie hoch deine Energie maximal sein kann? Es ist ja so, dass manche Menschen doch etwas mehr davon zu besitzen scheinen als andere. In diesem Kapitel zeige ich dir nun, wie du deine Gesamtenergie steuern und stärken kannst. Das wird dir dabei helfen, insgesamt mehr zu schaffen, noch besser in deine Mitte zu kommen und deine besten Energiezustände noch zu verstärken.

Das Modell, das ich dafür entwickelt habe, nenne ich das Powerfeld-Modell. Verschiedene Felder tragen zu deiner Gesamtenergie bei. Von ihrer Ausgeglichenheit untereinander hängt es ab, wie viel von dem, was dir wichtig ist, du insgesamt ins Leben bringen kannst. Die unterschiedlichen Lebensbereiche, die dabei eine Rolle spielen, aktivieren unterschiedliche Teile des Nervensystems. Gleichzeitig ersetzt das Powerfeld-Modell aber alte psychologische Modelle, die ausschließlich das Nervensystem als Basis für Power verwenden. Die mentale Energie braucht nicht nur Aktivierung und Entspannung. Es geht auch um Beziehungen, geistige Herausforderungen und Sinn.

Energie braucht Balance

Im Hinblick auf die körperliche Energie und die Ernährung hat es sich bereits herumgesprochen: Nicht einzelne Nahrungsmittel sind gut oder schlecht, sondern die Balance, die Ausgewogenheit der verschiedenen Nahrungsmittel untereinander. Nur wer sie in einer guten Kombination zu sich nimmt, gibt dem Körper das, was er braucht, damit er sich optimaler Gesundheit erfreuen kann.

Im Hinblick auf die mentale Gesundheit ist es genauso. In der gängigen Stress- und Anti-Burnout-Literatur wird deswegen immer wieder darauf hingewiesen, dass auch bezüglich unserer Aktivität der Ausgleich eine wichtige Rolle spielt. Das sieht dann so aus:

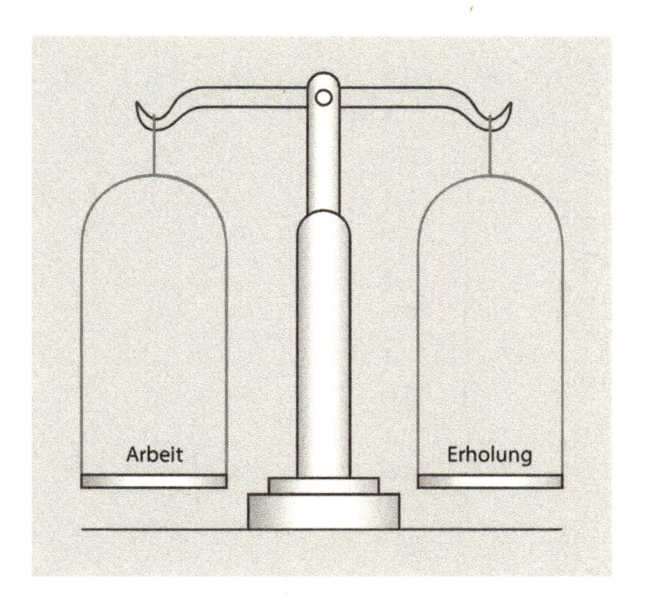

Oder so:

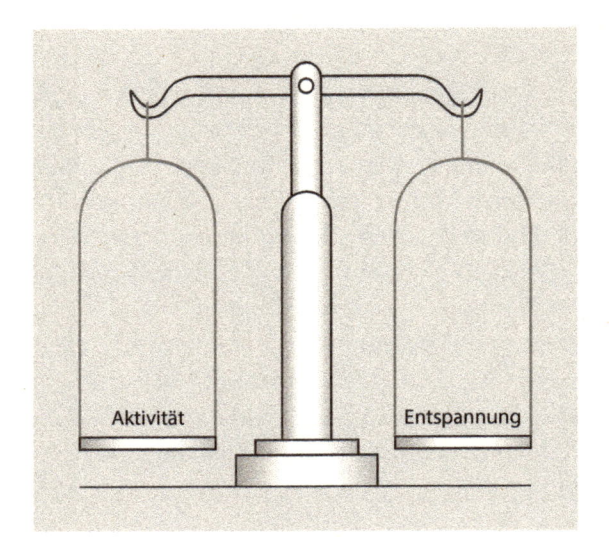

Betrachtet man das vegetative Nervensystem, könnte es so aussehen:

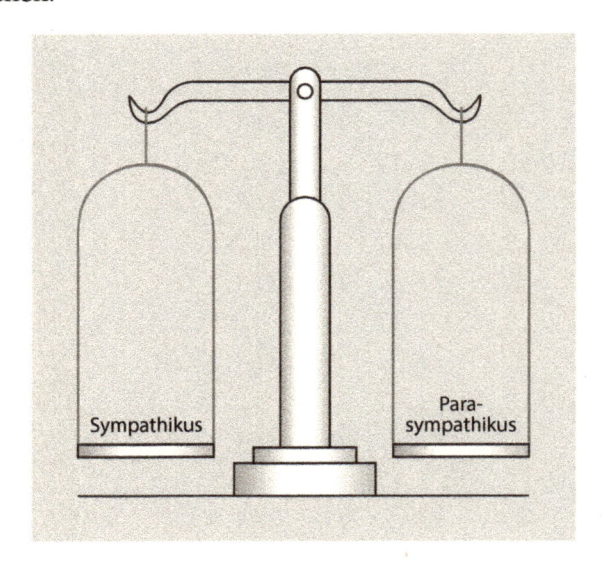

Hintergrundwissen: Das vegetative Nervensystem

Das vegetative Nervensystem umfasst jene Bereiche des Nervensystems, die der bewussten Beeinflussung nicht zugänglich sind. Es ergänzt das motorische Nervensystem, das die Bewegungen der Muskeln bewirkt, und das zentrale Nervensystem, das aus grauen und weißen Zellen im Gehirn und in der Wirbelsäule besteht.

Bis vor Kurzem wurde das vegetative Nervensystem, das für die Funktionen der inneren Organe verantwortlich ist, in drei Untersysteme eingeteilt. Eins davon ist der Sympathikus, der für Kampf oder Flucht zuständig ist und immer dann aktiviert ist, wenn wir uns gestresst fühlen. Der Parasympathikus, Gegenspieler des Sympathikus, ist mit Erholung, Entspannung und Verdauung verbunden. Der dritte Teil, das enterische Nervensystem, besteht aus Nervenfasern zwischen den Muskeln der Darmwand und sorgt zum Beispiel für die Peristaltik.

Forscher um Stephen Porges haben außerdem in den letzten Jahren vielfältige Belege dafür gefunden, dass ein weiteres Subsystem existiert, das unter anderem einen Teil des Vagusnervs nutzt, der auch für den Parasympathikus eine Rolle spielt. Die Fasern beider Untersysteme verlaufen aber komplett getrennt voneinander. Diejenigen, die Porges beschreibt, sind im Gegensatz zu den Nervenzellen des Parasympathikus myelinisiert. Myelin ist eine Substanz, die als Zellmembran vorkommt und sich wie eine hauchdünne Hülle um die entsprechenden Nervenstränge legt. Die Myelinschicht bewirkt, dass Signale in diesem Nerv um ein Vielfaches schneller laufen als in nicht-myelinisierten Nerven.

> Beide Untersysteme sind außerdem mit unterschiedlichen Kernen im Gehirn verbunden. Dieses vierte System, der so genannte Polyvagus, der aus den myelinisierten Teilen des Vagusnervs besteht, wird durch soziale Beziehungen ausgebildet und vor allem durch körperliche Vorgänge aktiviert. Dies wirkt wiederum auf bestimmte körperliche Systeme zurück. Dieses Untersystem bewirkt zum Beispiel, dass wir uns, wenn wir aufgebracht oder traurig sind, durch menschliche Zuwendung beruhigen und unsere innere Sicherheit zurückerlangen.

Basieren klassische Strategien zur Stressbewältigung vor allem auf dem Modell der Waagschalen von Sympathikus und Parasympathikus, die sich in Balance befinden sollen, schlage ich ein erweitertes Modell vor, das die anderen Subsysteme ebenfalls einbezieht. Da wir Menschen soziale Wesen sind, spielt in meinen Augen gerade das von Porges beschriebene System des myelinisierten Vagusnervs eine wichtige Rolle dabei, ob wir ausgeglichen sind oder nicht. Aber auch die Vorgänge, die sich im Darm abspielen, sind bei dieser Frage von zentraler Bedeutung.

Dazu kommt, dass das Waagschalenmodell nicht verhindern kann, dass Menschen, die sich nach ihm richten, trotzdem einen Burnout erleiden können, also einen kompletten körperlichen und seelischen Zusammenbruch. Auch Menschen, die ihr Arbeitspensum konsequent einschränken, auf freie Zeiten und erholsame Aktivitäten achten, die jede Nacht sieben Stunden schlafen und sich aktiv entspannen, sind davor nicht gefeit.

Nun ja, werden Skeptiker sagen, vielleicht haben sie sich eben zu viel Freizeitstress gemacht, oder sie haben Kinder, die zusätzlich fordern, oder eine schwache Konstitution. Das mag alles sein, doch diese Betrachtungsweise stellt Menschen gleichzeitig als Wesen mit geringer Belastbarkeit hin. Das sind sie aber nicht; ein Acht-Stunden-Job, die Aufzucht zweier Kinder und einige zusätzliche Aktivitäten gehören zu den Dingen, die Menschen eigentlich gut verkraften können.

Und es gibt ja gleichzeitig Leute, die viel mehr als acht Stunden arbeiten, die ebenfalls Kinder großziehen, zusätzlichen Freizeitaktivitäten nachgehen, in diesem Umfeld vielleicht sogar noch Verantwortung übernehmen, die Freundschaften pflegen, Probleme lösen, Bücher lesen und dennoch gut und erholsam schlafen, vielleicht sogar ohne sich abends noch eine Stunde im Bett zu wälzen wie manch anderer. Und das nicht nur eine kurze Zeit lang, sondern ihr ganzes Leben, bis ins hohe Alter. Da stellt sich doch die Frage: Wie machen die das?

Schauen wir uns an, wie diese Menschen leben, staunen wir erst einmal über eine schier unerschöpfliche Energie. Diese Menschen scheinen von den Göttern geküsst! Blicken wir genauer hin, erkennen wir aber bei all diesen Menschen eine Gemeinsamkeit: einen guten Ausgleich zwischen gleich vier Lebensbereichen, die ich im Powerfeld-Modell auf vier Achsen darstelle. Egal, wie viel jemand leistet: Befinden sich diese Achsen in Balance, hat er die Energie, die er dafür braucht. Das ist faszinierend!

Das Powerfeld im Detail

Alle Aktivitäten, die in deinem Leben eine Rolle spielen, kannst du in zwei Gruppen einteilen, die sich dann auch auf den Achsen deines Powerfeldes wiederfinden. Die erste Gruppe sind die Aktivitäten, die du mit anderen oder für andere tust. Dazu gehört auch das indirekte soziale Umfeld, also auch alles, was du für die Gesellschaft oder deine Familie tust.

Diese Aktivitäten werden auf der vertikalen Achse im Powerfeld erfasst. Die zweite Gruppe sind die Aktivitäten, die du für dich selbst tust. Diese werden auf der horizontalen Achse im Powerfeld erfasst. Jede Achse hat zwei Pole. Auf der vertikalen Achse liegt oben der Pol »Ich für andere« und unten der Pol »Andere für mich«. Auf der horizontalen Achse liegt rechts der Pol »Ich für meinen Körper« und links der Pol »Ich für meine Seele, meinen Geist und Intellekt«.

So erhältst du insgesamt vier Bereiche, die sich in ihrer Art voneinander unterscheiden und auf die deine Aktivitäten einzahlen können.

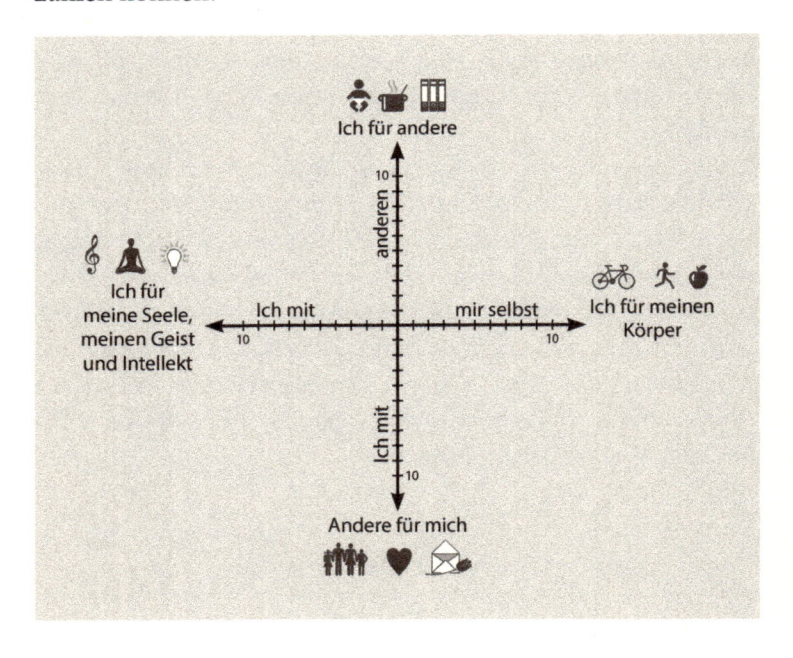

Wie du auf die einzelnen Achsen einzahlst

Die meisten deiner Aktivitäten zahlen auf eine oder gleichzeitig auf mehrere Achsen ein. Einzahlen heißt in diesem Zusammenhang: Sie gehören in diesen Bereich, und indem du sie tust, stärkst du diesen Bereich. Tust du zum Beispiel so viel für deinen Körper, wie es maximal möglich ist, zahlst du auf die horizontale Achse rechts so viel ein, dass du dort die 10 ankreuzen kannst. Tust du überhaupt nichts für deinen Körper, bewegst dich nicht, pflegst dich nicht und isst ausschließlich ungesunde Sachen, bekommst du dort eine 0.

Gehst du gelegentlich joggen, zahlt das auch auf diese Achse ein. Gehst du mit deinem besten Freund joggen, zahlt das ebenfalls auf diese Achse ein, außerdem zusätzlich auf die vertikale Achse unten: »Andere für mich«. Was genau auf welche Achse gehört, erkläre ich gleich detaillierter. Zuvor möchte ich mich aber noch den Aktivitäten zuwenden, die auf keine der vier Achsen einzahlen. Dazu gehören all jene Tätigkeiten, die weder dem Körper noch dem Geist etwas Gutes tun, die dich nicht mit Menschen verbinden, die du magst, und die auch anderen keinerlei Nutzen bringen.

Das sind zum Beispiel:

- regelmäßiges Fernsehen, auch wenn du es mit deiner Partnerin oder deinem Partner tust. Paare, die gemeinsam fernsehen, verbringen zwar insgesamt mehr Zeit in Gesellschaft miteinander, sprechen aber weniger als andere Paare und kennen einander auch schlechter als Paare, die nur selten fernsehen. Fernsehen schadet also eher, als dass es einzahlt;
- Surfen im Internet als Zeitvertreib;
- Spiele im Internet, die du alleine spielst;
- Spiele im Internet, die du mit anderen, dir nicht bekannten Menschen spielst;
- Aktivitäten in digitalen sozialen Netzwerken. Wissenschaftler wie Manfred Spitzer haben gezeigt, dass Menschen, die dort viele Freundschaften pflegen, in der Regel weniger echte Freunde haben, auf die sie sich im Alltag wirklich verlassen können;

- Nahrung, die belastet und dem Körper schadet (sie zu sich zu nehmen kann aber auf die Achse »Andere für mich« einzahlen, wenn wir sie mit anderen, die wir mögen, im Rahmen eines gemeinsamen Essens zu uns nehmen und dabei einen schönen Abend verbringen);
- Gespräche mit Menschen, die wir nicht mögen oder über Themen, die uns langweilen.

Du für die anderen
Alles, was du für andere tust, zahlt auf diese erste Achse ein – und zwar das, was du für Menschen tust, die dir nah sind, wie zum Beispiel die Mitglieder deiner Familie oder Freunde, aber auch alles, was du für die Gesellschaft tust oder deinen Platz darin. Alles, was man unter dem Begriff »Pflicht« zusammenfassen kann, gehört hierher. »Oje, das ist ja fast alles!«, denkst du vielleicht? Prima – dann wirst du von diesem Kapitel sehr profitieren!

Hier folgen einige Beispiele von Tätigkeiten, die auf diese erste Achse einzahlen; du kannst die Liste am Ende noch um weitere Punkte ergänzen, die in deinem Leben in diese Kategorie gehören oder gehören könnten:

- dein Job;
- Fortbildungen, die du für deinen Job besuchst;
- Pflichten in deiner Familie, auch wenn du sie gerne tust: Dich um Kinder kümmern, etwas für die Familie kochen, den Haushalt machen, einkaufen, die Kinder kämmen, einen alten Menschen pflegen oder einen Verwandten besuchen, der Hilfe braucht. Mit den Kindern Spiele spielen, die dir eigentlich gar keinen Spaß machen. Den Job der Elternvertreterin ausüben oder bei den Vorbereitungen für das Schulfest helfen;
- Zeit mit deinem Partner, in der ihr über organisatorische Dinge sprecht oder über die Kinder und was gerade getan

werden sollte, damit sie bessere Noten schreiben und so weiter;
- Dinge, die du für deine Freunde tust, um ihnen zu helfen: ihnen zuhören, wenn sie Kummer haben, ihnen beim Umzug helfen oder beim Aufräumen nach der Party, auf ihre Geburtstagsparty gehen, obwohl du keine Lust dazu hast;
- Dinge, die du für andere Menschen tust, die du aus anderen Zusammenhängen kennst: Auf den Neujahrsempfang der Stadt gehen, zu dem du eingeladen wurdest und auf dem du dich nicht wohl fühlst, weil ewig lange Reden gehalten werden. Dich bei einem Netzwerktreffen blicken lassen und so weiter;
- Dinge, die du tust, damit dein tägliches Leben funktioniert, auch wenn du keine Familie hast: Einkaufen, das Auto zur Werkstatt bringen, deine Kleider waschen und bügeln, die Wohnung aufräumen, die Kehrwoche machen, weil das in deinem Haus Pflicht ist;
- mit dem Hund spazieren gehen;

- ....
- ....
- ....

Andere für dich

Auf diese Achse gehört alles, was du mit anderen Menschen erlebst und was dir einfach guttut, alle Tätigkeiten, bei denen es um dich geht und bei denen du als die, die du bist, willkommen bist, ohne etwas leisten zu müssen. Du kannst die Liste wieder um eigene Ideen ergänzen.

- Zeit mit deinem Partner, in der ihr euch wirklich miteinander beschäftigt, als die Menschen, die ihr seid;

- Sexualität, die dir guttut und die Verbindung zu deinem Partner stärkt;
- Zeit mit Freunden, die dem Zusammensein und dem Genuss am Zusammensein gewidmet ist;
- Aktivitäten, die du mit Freunden oder Menschen, die du magst, teilst und bei denen du dich mit ihnen über etwas austauschst, das euch alle interessiert: ein gemeinsamer Museumsbesuch, gemeinsamer Sport, gemeinsames Lernen, Pläne schmieden, gemeinsamer Urlaub und so weiter;
- Zeit, die du mit Arbeitskollegen verbringst, die du sehr magst und mit denen du gerne zusammen bist;
- Zeit, die du mit deinen Kindern verbringst und in der ihr etwas macht, das auch dir wirklich Spaß bereitet;
- Zeit, in der du unterwegs bist und neue Menschen kennenlernst, die du interessant finden könntest;

- ....

- ....

- ....

Du für deinen Körper

Alle deine Aktivitäten, die gut für deinen Körper sind, zahlen auf diese Achse ein. Vielleicht fallen dir noch andere Beispiele ein? Schreibe sie dazu!

- Sport und andere gesunde körperliche Betätigung wie Wandern oder Yoga;
- aktive Entspannung durch Musikhören, ein Bad in der Wanne oder im Thermalbad, Autogenes Training, Progressive Muskelrelaxation und so weiter;
- gesunde Ernährung oder ein Detox-Programm;

- Sexualität, die dir in jeder Hinsicht guttut;
- Pflege im weitesten Sinn, also alles, was der Gesundheit deiner Haut dient und dem Erhalt deiner Gesundheit. Maßnahmen, die du alleine aus kosmetischen Gründen durchführst, gehören aber nicht dazu;
- alles, was du tust, um deine Gesundheit wiederherzustellen oder Krankheiten vorzubeugen: Prophylaxe beim Arzt, Behandlungen bei der Heilpraktikerin oder beim Osteopathen, Übungen, die die Physiotherapeutin dir verschrieben hat;

- ....
- ....
- ....

Du für deinen Geist und deine Seele

… und deinen Intellekt. Auf diese Achse zahlt alles ein, das deinen Geist und deine Intelligenz fordert und entwickelt, alles, was du neu lernst, alles, was mit Kunst, Kultur, Bildung, Sprachen und Wissen zu tun hat. Außerdem alles, was der Seele guttut, was deine Persönlichkeit entwickelt und dich als Mensch wachsen lässt sowie Spiritualität, also das, was dich mit einem Bereich verbindet, der mit dem Verstand nicht zu erklären ist – ganz egal, ob du religiös bist oder nicht. Bestimmt hast du auch noch eigene Vorschläge, die du hier notieren kannst.

- Etwas Neues lernen. Musst du es für deinen Job tun und interessiert es dich eigentlich nicht, gehört es auf die Achse »Ich für andere«. Musst du es für deinen Job machen und es interessiert dich auch sehr, zahlt es auf beide Achsen ein! Lernst du einfach für dein eigenes Interesse, gehört es ausschließlich auf diese Achse – außer, du tust es mit einem lieben Menschen zusammen: Dann zahlt es auch auf »Andere für mich« ein! Dabei ist es völlig egal, ob das Gelernte zu etwas nutze ist. Interessierst du dich für Meeresbiologie und verschlingst alle existierenden Bücher und Reportagen zu dem Thema und lernst vielleicht noch Englisch, um auch solche Publikationen, die nicht übersetzt worden sind, zu verstehen, obwohl du weißt, dass du nicht mehr ans Meer reisen wirst, weil du krank bist – wunderbar!

- Beschäftigung mit Spiritualität, durch Gebete, Lektüre oder Meditation;
- Seelenbildung durch Beschäftigung mit dir selbst und für dein Wachstum, zum Beispiel mit diesem Buch;
- Arbeit für mehr Gewahrsam und Achtsamkeit, im Alltag oder mit speziellen Übungen, Meditation;
- Beschäftigung mit Kunst, Musik und anderen Kulturbereichen, aktiv oder passiv. Passiv bedeutet in diesem Fall: aktiv erleben, aber nicht selbst ausüben. Wenn du dich nebenher vom Radio bedudeln lässt, egal, was kommt, zahlt das nicht ein. Wenn du aber zum Abendessen eine besondere Musik laufen lässt, sehr wohl. Hast du etwas Gesundes gekocht, zahlst du damit auch gleich auf eine weitere Achse ein. Und genießt du dieses Essen mit deiner oder deinem Liebsten, auf eine weitere Achse.

- ....
- ....
- ....

Was du tust und auf welche Achse es einzahlt, wird nicht immer von der Aktivität an sich bestimmt. Eine Reise kann zum Beispiel auf jede der vier Achsen einzahlen – je nachdem, aus welchem Grund du die Reise antrittst und wie und mit wem du sie verbringst. Wenn du Besuch bekommst, kann das auf die Achse »Andere für mich« einzahlen, wenn du diesen Besuch sehr gerne magst und einen schönen Abend mit ihm verbringst. Genauso kann der Besuch auch auf die Achse »Ich für andere« einzahlen, wenn du die Einladung als Pflicht begreifst. Nicht nur, was ganz objektiv passiert, spielt also eine Rolle, sondern auch die Bedeutung, die ein Ereignis für dich hat.

Dysbalance macht krank – Balance macht stark!

Je unausgeglichener das Powerfeld, umso weniger Energie steht dir also insgesamt zur Verfügung. Deshalb stimmt es, dass Dysbalance krank machen kann. Es gibt eine typische Konstellation, die man bei Menschen mit drohendem oder manifestem Burnout immer wieder findet. Du siehst sie im Beispiel von Frank. Aber auch bei Menschen, die wie Elvira unter chronischen Schmerzen leiden, ähneln sich die Powerfelder. Ich habe im Lauf der letzten Jahre viele Powerfelder gesehen und immer wieder Gemeinsamkeiten entdeckt. Auf den nächsten Seiten findest du deshalb einige sehr typische Beispiele dafür. Einige stammen aus meinen Coachings; das von Heribert aus meinem Bekanntenkreis.

Vielleicht findest du dich in dem einen oder anderen Beispiel wieder?

Aus der Coaching-Praxis: Elvira

Elvira ist berufstätig und alleinstehend. Sie leider schon seit Jahren unter Schmerzen. Eine Ursache ist nicht zu finden, die Ärzte nennen ihre Erkrankung Fibromylagie, können ihr aber weder sagen, woher ihre Erkrankung kommt, noch, wie man sie lindern oder heilen kann. Sie selbst ist sich unsicher, was sie hat, hat aber bemerkt, dass ihre Beschwerden stärker sind, wenn sie sich gestresst fühlt. Deshalb möchte sie gegen ihren Stress etwas tun.

Elvira lebt alleine. Sie arbeitet viel und versorgt ihren Haushalt selbst. Zusätzlich besucht sie mehrmals in der Woche ihre Mutter, die in einer Altenhilfeeinrichtung lebt. Bis vor drei Jahren hat sie sie zu Hause versorgt. Da ihre Mutter aber demenzkrank ist, brauchte sie nach einigen Jahren eine Rundum-Betreuung, die Elvira auch mithilfe eines Pflegedienstes nicht mehr bewerkstelligen konnte. Sie hat deswegen aber ein schlechtes Gewissen und ist fast an jedem Tag, an dem sie ein wenig freie Zeit hat, bei ihrer Mutter – oder sie macht Besorgungen für sie.

Elvira liest gerne und hat sich viel mit geschichtlichen Themen beschäftigt. Sie verschlingt nicht nur historische Romane, sondern auch das ein oder andere Sachbuch, auch im Fernsehen sucht sie gezielt Sendungen zu diesen Themen aus. Wenn über Ausgrabungen berichtet wird, ist Elvira dabei. Sie hatte schon immer so ein Faible für Geschichte und hätte das auch studiert, wenn sie damals die Unterstützung ihrer Eltern gehabt hätte. Stattdessen ist sie Steuerfachgehilfin geworden.

Vor einigen Jahren hat sie mit Yoga angefangen. Außerdem ernährt sie sich bewusst. Trotzdem fühlt sie sich gestresst, ist oft angespannt und schläft schlecht.

Was ihr besonders fehlt, sind Freunde und der Kontakt mit Menschen, die weder Ärzte noch Arbeitskollegen noch ihre Mutter oder die Mitarbeiter der Pflegeeinrichtung sind. Spaß macht ihr der Job aber nicht. Ihre Kontakte gehören deshalb überwiegend zu den Pflichten, während sie wenige hat, die ihr einfach guttun.

Elviras Powerfeld sieht so aus:

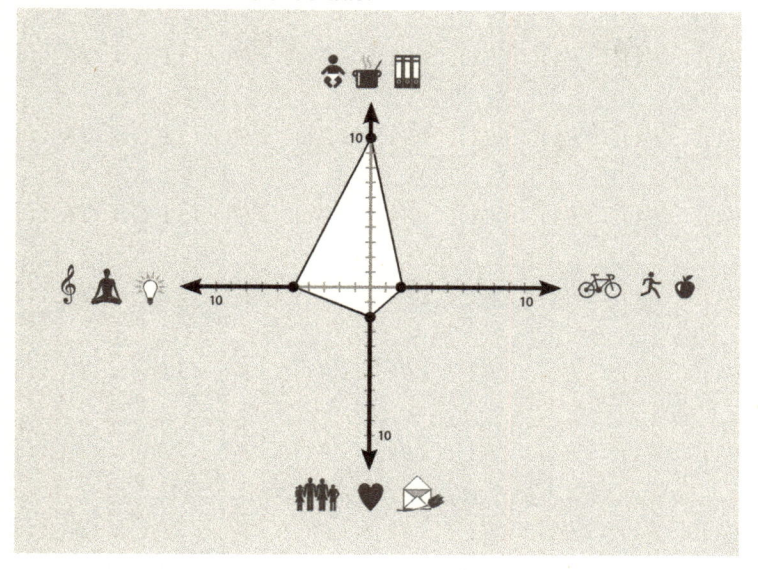

Aus der Coaching-Praxis: Sylvia

Sylvia leidet unter einer Angststörung. Sie wurde deswegen teilweise berentet und arbeitet nur noch stundenweise in einer Bäckerei. Immer wieder wird sie von Panikattacken heimgesucht, in ihrer Freizeit traut sie sich kaum aus dem Haus. Reisen hat sie schon lange keine mehr gemacht, weil sie Sorge hat, es könne ihr in der Ferne schlecht gehen. Wenn sie zu Hause ist, sieht sie häufig fern. Das lenkt sie ab, da hat sie keine Angst, sagt sie. Wenn sie liest, fühlt sie sich dagegen schnell unsicher. Weil sie sich nicht traut rauszugehen, bewegt sie sich auch wenig. Dafür sorgt sie sich um ihre Gesundheit und hat noch keine Vorsorgeuntersuchung ausgelassen – im Gegenteil. Sylvia sitzt häufig in Wartezimmern, weil sie sich auch davor fürchtet, dass bei ihr eine schlimme Krankheit übersehen werden könnte. Sobald sie in ihrem Körper etwas Seltsames wahrnimmt, lässt sie es abklären.

Sylvia ist verheiratet. Ihr Mann kümmert sich rührend um sie, beruhigt sie, ist bei ihr, wenn er von der Arbeit kommt. Sylvia beschreibt die Beziehung als sehr liebevoll. Ihr Mann ist ihre große Stütze.

Dysbalance macht krank – Balance macht stark!

Das ist Sylvias Powerfeld:

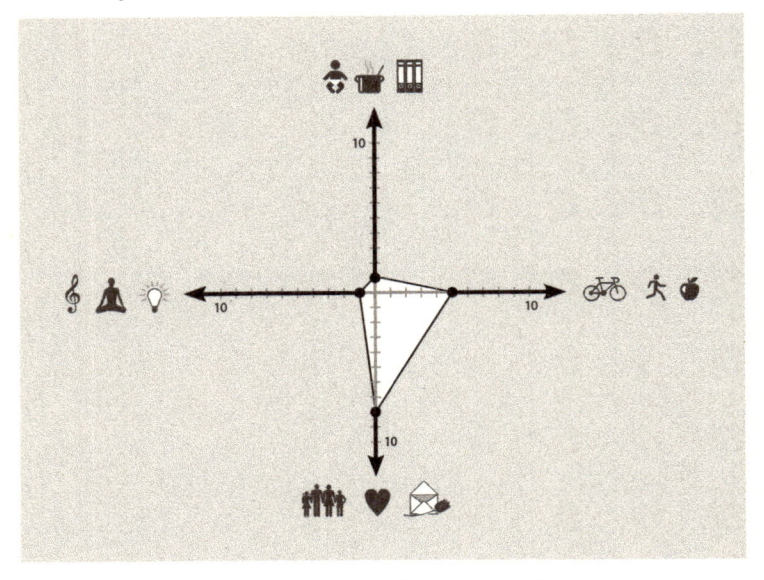

Aus der Coaching-Praxis: Heribert

Heriberts Powerfeld ist typisch für das eines ausgeglichenen älteren Menschen. Er ist 82 Jahre alt, kinderlos und seit einigen Jahren verwitwet. Er lebt alleine. Im Haushalt bekommt er einmal in der Woche Hilfe, alles andere macht er noch selbst. Als seine Frau starb, hat Heribert einen Kochkurs besucht, außerdem hat er sich ein paar Kochbücher gekauft. Er ist aber auch ganz gut im Improvisieren, meint er, und zur Not tun es Pellkartoffeln mit Quark. Es kommt immer etwas Frisches auf den Tisch.

Zu Beginn des Ruhestandes haben seine Frau und er das Haus verkauft und eine kleine Wohnung bezogen, in der Heribert noch immer lebt. Er reist viel, gemeinsam mit einer Gruppe anderer Senioren, die zweimal im Jahr einen Bus besteigen und damit quer durch ganz Europa fahren. Besonders haben es Heribert die Städte und Landschaften in Osteuropa angetan. Schon lange vor den Reisen liest er viel und teilt sein Wissen unterwegs mit den anderen. So hat er schon einige Stadtführungen durch Städte geleitet, in denen er zuvor noch nie gewesen ist. Außerdem hat er damit begonnen, Polnisch zu lernen. Dazu besucht er einen Kurs in der Volkshochschule. Seine Fortschritte seien bescheiden, meint er, aber seinem Kopf täte das gut. Wenn er gerade nicht auf Reisen ist oder eine Reise vorbereitet, geht er viel spazieren oder fährt mit dem Fahrrad. Auf den Spaziergängen begleitet ihn häufig eine Nachbarin mit ihrem Hund. Außerdem besucht er einmal in der Woche eine Gymnastikgruppe, um »nicht einzurosten«, wie er sagt. Er macht auch wirklich keinen eingerosteten Eindruck!

Einige alte Freunde hat Heribert noch, mit denen er regelmäßig telefoniert oder sich verabredet, soweit sie noch fit genug sind. Einen besucht er im Altersheim, einen anderen in einer anderen Stadt, die er mit dem Zug erreicht.

Alles in allem fühlt Heribert sich wohl und gesund. Das ist sein Powerfeld:

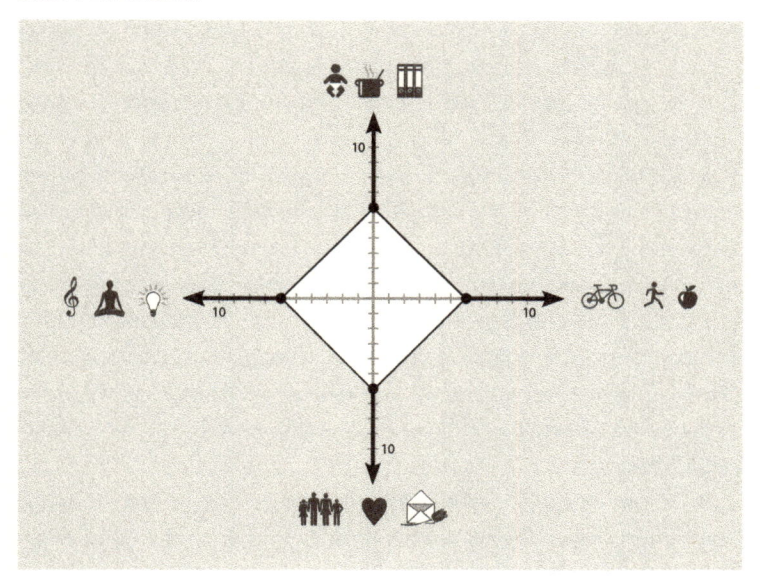

Dysbalance macht krank – Balance macht stark!

Aus der Coaching-Praxis: Ingo

Ingo sprüht nur so vor Energie. Und das, obwohl er extrem viel um die Ohren hat. Ingo ist Polizist und in Schichtarbeit tätig. Sein Beruf sei in den letzten Jahren nicht leichter geworden, sagt er. Daneben tut er aber noch eine ganze Menge mehr: Er hat zwei kleine Jungs, mit denen er eine Menge unternimmt, wenn er frei hat. Obwohl sie noch so klein sind, führt er sie bereits in die Kunst des Modellbaus ein. Im Keller steht eine komplette Werkstatt. Besonders Flugzeuge haben es ihm angetan, und sonnige Nachmittage nutzt Ingo für Flüge auf einer großen Wiese. Dort trifft er dann viele Gleichgesinnte, mit denen er sich austauscht.

Als Schlagzeuger spielt Ingo in einer Band. Er übt und richtet sich seine Dienste so ein, dass die Band auch wirklich hin und wieder auftreten kann – vor allem in der näheren Umgebung seiner Heimatstadt finden diese Konzerte statt, zu denen dann alle Bekannten kommen.

Zusätzlich ist er in der Polizeigewerkschaft engagiert. Er tut das, weil ihn die Gewerkschaftsarbeit wirklich interessiert. Da entwickelt Ingo Ehrgeiz, möchte etwas erreichen, tüftelt Strategien aus und bringt viel Energie ein.

Seine körperliche Fitness ist Ingo sehr wichtig, er tut viel dafür. Als Polizist kann er manchmal während der Arbeitszeit Sport treiben, aber er tut es auch in seiner Freizeit. Er ernährt sich ausgeglichen, trinkt keinen Alkohol, raucht nicht, praktiziert seit Jahren autogenes Training, um sich schnell und regelmäßig zu entspannen, vor allem, wenn der Schichtdienst seinen Schlafrhythmus durcheinanderzubringen droht. Dann legt er sich hin, entspannt und kann einschlafen. Im Winter nutzt er die kleine Sauna, die er neben die Modellbauwerkstatt in den Keller gebaut hat.

Trotz seiner vielfältigen Aktivitäten gelingt es Ingo, Zeit mit seiner Frau zu verbringen. Die beiden haben sich gleich nach der Geburt ihrer Kinder um einen Babysitter gekümmert, um weiterhin zu zweit ausgehen zu können. Das tun sie fast jede Woche. Sie lieben es, zusammen essen zu gehen oder Konzerte zu besuchen.

Das ist Ingos Powerfeld:

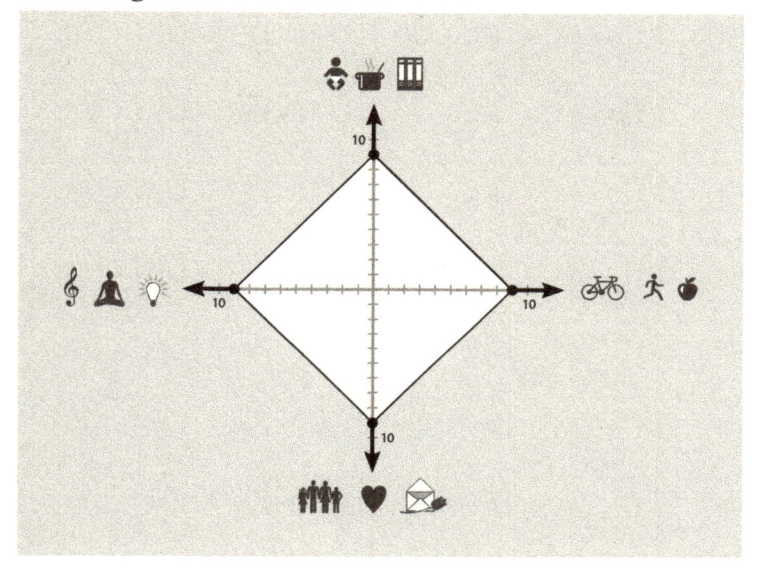

Aus der Coaching-Praxis: Frank

Frank steht kurz vor einem Burnout. Seit Monaten schläft er schlecht und kann sich auch an den Wochenenden kaum mehr erholen. Er ist ständig erschöpft, hat manchmal unvermittelt Herzrasen und muss sich täglich aufraffen, um zur Arbeit zu gehen. Mit seiner Partnerin führt er eine glückliche Beziehung. Aus einer anderen Beziehung hat Frank zwei Kinder, die schon aus dem Haus sind und studieren. Das kostet eine Menge Geld. Deshalb kann Frank es sich auch nicht leisten, in seinem Job kürzer zu treten.

Ich bitte ihn, im Powerfeld anzukreuzen, in welche Bereiche seines Lebens seine Aktivitäten in den letzten zwei Monaten im Schnitt wie intensiv eingezahlt haben.

Dysbalance macht krank – Balance macht stark!

Franks Powerfeld sieht so aus:

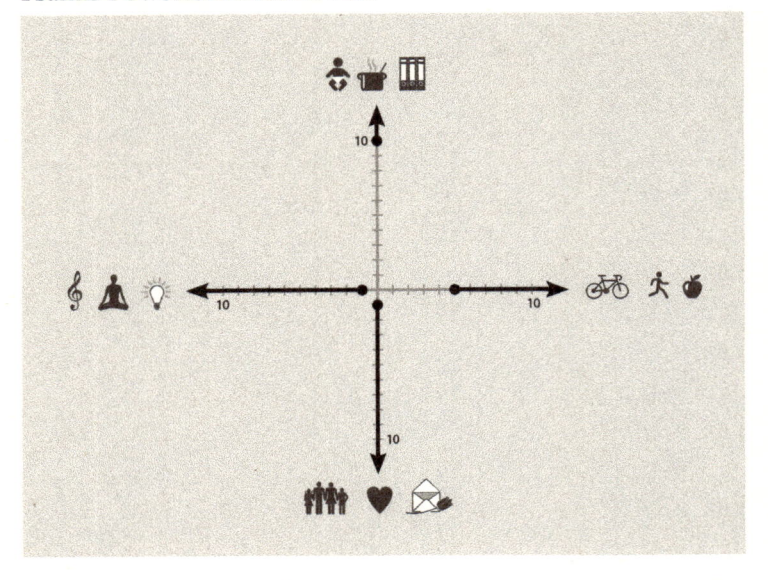

Als ich Frank bitte, seine Eintragungen zu erläutern, kommt einiges zutage: Er arbeitet viel, eher elf als acht Stunden am Tag. Außerdem übernimmt er zu Hause viele Aufgaben. Seine Partnerin ist ebenfalls berufstätig, sodass sie sich die Hausarbeit teilen. Außerdem hat Frank einen Posten im Musikverein. Früher hat er einmal selbst Musik gemacht, Klarinette. Aber als die Kinder kamen, hatte er dafür keine Zeit mehr, und auch seine damalige Partnerin war dagegen. Pflichten hat er auf jeden Fall wirklich sehr viele, sogar am Wochenende. Für seinen Körper tut er ein bisschen was. Am Wochenende fährt er mit seiner Partnerin gerne Rad, und wenn das Wetter es zulässt, machen sie mitunter eine längere Tour. Außerdem ernähren sie sich zu Hause gesund. In der Kantine, wo er sein Mittagessen zu sich nimmt, ist das Essen leider nicht gut, aber er isst dort, weil es einfach und schnell geht. Deshalb bekommt die Achse »Ich für meinen Körper« nicht so viele Punkte.

Hätte er seine Partnerin nicht, würde es auch auf der Achse »Andere für mich« zappenduster aussehen. Seine Kinder rufen ihn nur gelegentlich an, vor allem dann, wenn sie etwas von ihm brauchen. Freunde hat er, aber er ist abends so erschöpft, dass er sie schon lange nicht mehr getroffen hat. Außerdem spielen zwei von ihnen im Musikverein und haben manchmal Proben oder Auftritte. Sie haben nicht viel Zeit. Aber mit seiner Partnerin verbringt Frank gute, wichtige Stunden. Deshalb gibt es auf dieser Achse ein paar Punkte. Allerdings kann er die Zeit mit seiner Partnerin immer weniger genießen, und nicht selten zieht er sich mittlerweile zurück, wo er sich früher Zeit für seine Partnerin genommen hat. Deswegen haben sie immer häufiger Streit.

Auf der letzten Achse, »Ich für meine Seele, meinen Geist und Intellekt«, passiert fast nichts. Im Musikverein kümmert sich Frank nur noch um die Verwaltung, die Klarinette hat er seit mindestens 15 Jahren nicht mehr angefasst. Er hört auch nicht viel Musik, er will es lieber ruhig haben, wenn er mal nichts zu tun hat. Kunst interessiert ihn nicht besonders. Gelesen hat er bis vor zwei Jahren gerne, aber jetzt ist er so erschöpft, dass er sich kaum konzentrieren kann. Und religiös ist Frank auch nicht. Er glaubt zwar, dass es da noch etwas gibt, hat sich damit aber noch nie wirklich beschäftigt. Hin und wieder betet er, wenn er nicht weiter weiß, wie ein Kind, und irgendwie findet er es albern, aber immerhin. Ihm tut es gut. Deshalb einen kleinen Punkt auf dieser Achse.

Nun verbinden wir die einzelnen Punkte. Heraus kommt eine eingedellte Raute. Das ist die typische Konstellation all jener Menschen, die mit Vollgas auf einen Burnout zusteuern oder bereits einen haben: Volle Punktzahl bei den Pflichten, etwas körperliche Aktivität, in der Regel Sport, aber weder eine ausgewogene Ernährung noch Entspannung, immer weniger gute Kontakte und die komplette Vernachlässigung von Geist und Seele.

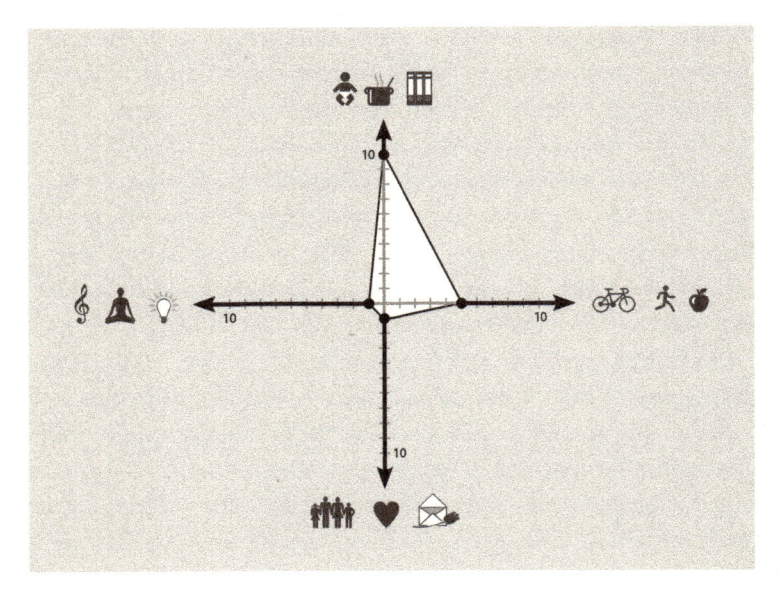

Hast du schon eine Idee, wo dein eigenes Powerfeld vielleicht eine Delle hat? Gleich kannst du das überprüfen. Denn sicher möchtest auch du alle deine Möglichkeiten nutzen. Warum auf einen Teil deiner Energie verzichten?

Genug Energie? Die Balance entscheidet!

Ich habe in den letzten Jahren einige hundert Powerfelder gesehen. Sie lassen einen ganz eindeutigen Schluss zu: Wer seine Energie über längere Zeit hinweg unausgeglichen investiert, hat irgendwann keine mehr – oder er hat langfristig zu wenig und wird krank.

Außerdem scheinen manche Konstellationen eher zu bestimmten Problemen zu führen. So habe ich bisher bei jedem meiner Coachees, der einen Burnout hatte oder kurz davor stand, Powerfelder gesehen, die dem von Frank zum Verwechseln ähnlich sahen. Und zwar sowohl bei Männern als auch bei Frauen. Wer dagegen fit blieb und bei gleichem Arbeitspensum seine gute Stimmung wahren konnte, dessen Powerfeld ähnelte dem von Ingo.

Die Idee von der Balance ist nicht neu. Wir kennen sie aus dem Waage-Modell, aus der Ernährungswissenschaft und auch aus der Positiven Psychologie. Nossrat Peseschkian hat schon in den 90er-Jahren darauf hingewiesen, wie wichtig es ist, die Energie gleichmäßig auf verschiedene Bereiche des Lebens zu verteilen, um langfristig mental gesund zu bleiben. Er unterschied dabei die Bereiche Körper/Sinne, Arbeit/Leistung, Kontakt und Zukunft/Fantasie.

Was bedeutet das alles nun im Hinblick auf dein eigenes Powerfeld? Damit du ausgeglichen und stabil bist, ist also nicht entscheidend, wie viel oder wenig du tust. Vielmehr geht es darum, dass du eine vergleichbare Menge an Energie in jeden der Bereiche investierst. Dabei ist Energie nicht mit Zeit zu verwechseln. So kann der eine für seine Bewegung jedes Wochenende zwei ganze Tage wandern, der andere absolviert mit ähnlichem Effekt dreimal in der Woche ein extrem intensives halbstündiges Ganzkörper-Training. Wenn du täglich acht Stunden arbeitest, musst du dich nicht auch noch jeweils acht Stunden um die anderen drei Achsen kümmern. Denn, noch einmal, es geht nicht um die Zeit, sondern um die Energie, die du hineingibst, und um die Intensität des Erlebens, die du daraus ziehst. So kann ein kurzes Telefonat mit einem Menschen, der dir wirklich viel bedeutet, eine viel stärkere Wirkung haben als ein ganzer Tag mit einer Clique, die du ganz okay findest.

Aber lass uns doch erst mal schauen, wie du dein persönliches Powerfeld erstellst und was du daraus ablesen kannst!

Wie du das Powerfeld für dich nutzt

Gleich kannst du dein eigenes Powerfeld erstellen. Die folgende Grafik nutze als Kopiervorlage, damit du nicht nur jetzt, sondern im Abstand von einigen Wochen oder Monaten immer wieder überprüfen kannst, wie es um deine Balance bestellt ist. So kannst du immer dann, wenn dein Powerfeld unausgeglichen ist, etwas dafür deine Balance und deine Energie tun!

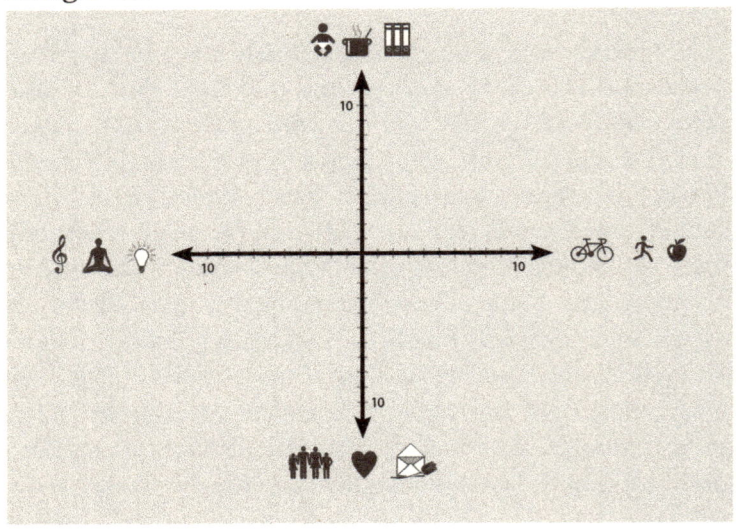

Wie arbeitest du mit der Kopiervorlage?

Erstelle deine Bilanz für die beiden vergangenen Wochen. Solltest du gerade Urlaub haben und deshalb in den letzten zwei Wochen keinen typischen Alltag abbilden können, erweitere den Zeitraum um zwei weitere Wochen. Überlege in Ruhe: Angenommen, das Maximale, das du für einen Bereich tun könntest, wäre die 10. Wo liegst du im Moment? Nimm die Achse »Andere für mich« als Beispiel. Die 10 könnte für dich bedeuten: Ich teile Zeit mit dem Partner, den ich liebe.

Ich treffe meine Freunde regelmäßig und weiß, wie es ihnen gerade geht. Sie wissen, wie es mir geht, wir unternehmen etwas miteinander und haben Spaß. Ich habe mindestens einmal in der Woche Besuch. Ich treffe die Menschen aus meiner Familie, die ich mag. Und ich esse in der Mittagspause mit guten Bekannten, mit denen ich nicht nur über die Arbeit spreche, sondern auch über Persönliches und Themen, die uns außerhalb der Arbeit interessieren.

Nun überprüfe, wie viel davon gerade in deinem aktuellen Leben passiert. Vielleicht hast du gerade keinen Partner, oder deine Partnerschaft ist schwierig. Dafür ziehst du einen Teil der Punkte ab. Außerdem arbeitest du die Mittagspausen meistens durch, weil ein Projekt fertig werden muss. Wieder ein Punkt Abzug. Du triffst dich aber abends regelmäßig mit deinen wichtigsten Freunden, diese Punkte hast du also auf jeden Fall. Vielleicht kommst du damit auf eine 5. Nutze bei deinen Überlegungen mehr deinen Bauch als deinen Verstand. Vielleicht hast du auch einfach das Gefühl: Doppelt so viele wohltuende Kontakte zu anderen Menschen, das wäre super! Auch so ergibt sich die 5.

Dann gehst du für alle Achsen ähnlich vor, bis dein Powerfeld vollständig ausgefüllt ist. Beim ersten Mal kann das eine Stunde dauern. Nach und nach wird es immer einfacher, und du wirst gar nicht mehr lange überlegen müssen. Nun siehst du: Ist deine Bilanz ausgeglichen? Dann beglückwünsche ich dich ganz herzlich. Denn das ist wirklich selten!

Fällt deine Bilanz unausgeglichen aus, zeigt dir das Powerfeld, in welchem Bereich du zuerst etwas tun solltest. Den stärksten Effekt auf deinen Energiezustand hat immer eine Investition auf die Achse, die gerade am wenigsten bekommt. Natürlich kannst du, wenn das möglich ist, parallel auch dort etwas wegnehmen, wo du übertreibst. Meistens sind das die Pflichten auf der Achse »Ich für andere«.

Manchmal weiß man sehr schnell, in welchen Bereichen

man übertreibt. Manchmal scheint es aber unmöglich, das herauszufinden und zu reduzieren. Dann ist es sinnvoll, sich wirklich auf die Bereiche zu konzentrieren, wo am meisten fehlt. Selbst, wenn du zuerst das Gefühl hast, dafür gar keine Energie zu haben, solltest du es tun. Dich einfach abends verabreden, obwohl du dich nach der Arbeit ganz erledigt fühlst. Am Wochenende auf ein Konzert gehen, obwohl du dich am liebsten auf die Couch werfen würdest. Einen Babysitter engagieren, um mit deinem Partner auszugehen und Zeit für Gespräche zu haben, obwohl das Geld knapp ist und ihr euch gerade anscheinend eh nicht viel zu sagen habt.

Dein ganz persönliches Powerfeld zeigt dir, in welchem Bereich du den Hebel ansetzen musst, damit du aufblühst. Du wirst dich wundern, wie schnell du plötzlich Dinge bewältigen kannst, die dich vorher viel Mühe gekostet haben!

Manche Veränderungen mögen anfangs etwas Überwindung kosten. Vielleicht vergisst du, dass du dich darum kümmern wolltest und findest dich am späten Abend auf dem Sofa wieder, obwohl du ja eigentlich ausgehen wolltest. Dann erinnere dich daran, indem du es dir aufschreibst, deine Freundin bittest, dich wegen des Ausgehens anzurufen, oder indem du gleich viele Ausgeh-Termine in deinen Kalender schreibst und dich von deinem Handy erinnern lässt. Schon nach zwei bis drei Monaten wird der neue Rhythmus zur Selbstverständlichkeit geworden sein. Dann ist das Neue nämlich zur Gewohnheit geworden, und du wirst es ganz von alleine tun – ja, sogar etwas vermissen, wenn du es nicht tust, sodass du dich nun ganz von selbst daran erinnerst, ganz ohne bewussten Aufwand. Es geht jetzt leicht.

Erstelle alle zwei Wochen eine neue Bilanz – so lange, bis sie ausgeglichen ist. Danach reicht es in der Regel, sie in unregelmäßigen Abständen zu überprüfen, vor allem dann, wenn du dich nicht wohl fühlst oder unausgeglichen bist.

Wenn du dafür größere Veränderungen initiieren musst,

nutze die Hinweise in Kapitel 6 – sie helfen dir dabei, diese Veränderungen erfolgreich durchzuziehen.

Wenden wir den Blick nun noch einmal zurück auf eines der exemplarischen Powerfelder, um zu sehen, wie Frank mithilfe einer sorgfältigen Analyse seines Feldes seine Situation stabilisieren und verbessern konnte.

Franks Lösung

Zur Erinnerung kommt hier noch einmal Franks erstes Powerfeld. So sah es aus, als ich ihn kennengelernt habe:

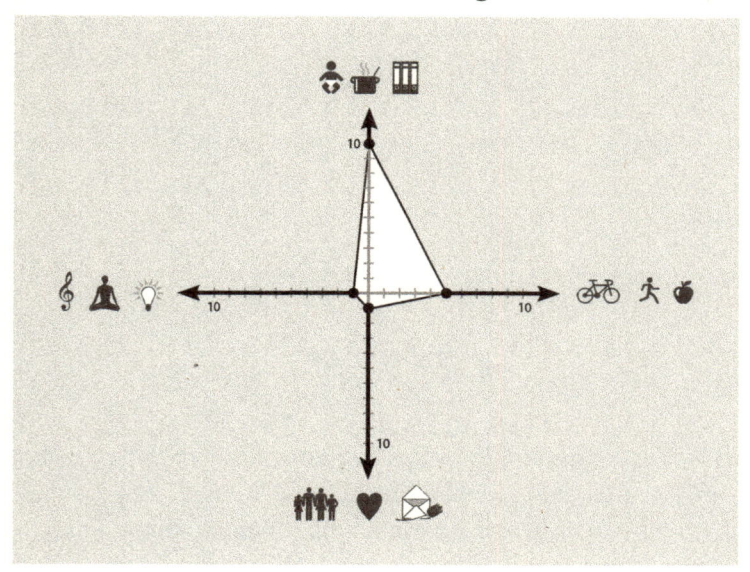

Sein Hausarzt, bei dem Frank wegen seiner Probleme auch schon war, hatte ihm angeboten, ihn für zwei Wochen krankzuschreiben, damit Frank sich ausruhen und erholen kann. Außerdem solle Frank sich künftig und insgesamt mehr schonen. »Was aber bedeutet das?«, fragt sich Frank zu Recht. Er tut ja eh schon fast nichts mehr außer arbeiten. Vielleicht würde seine Partnerin ja die eine oder andere Aufgabe im

Haushalt übernehmen. Aber auf die Dauer möchte er das nicht – und sie sicher auch nicht. Oder soll er mehr schlafen, anstatt joggen zu gehen?

Wir nehmen mithilfe des Powerfelds verschiedene Optionen unter die Lupe:

Frank pausiert mit seinem Job und erholt sich. Er joggt weiterhin und tut etwas im Haushalt.

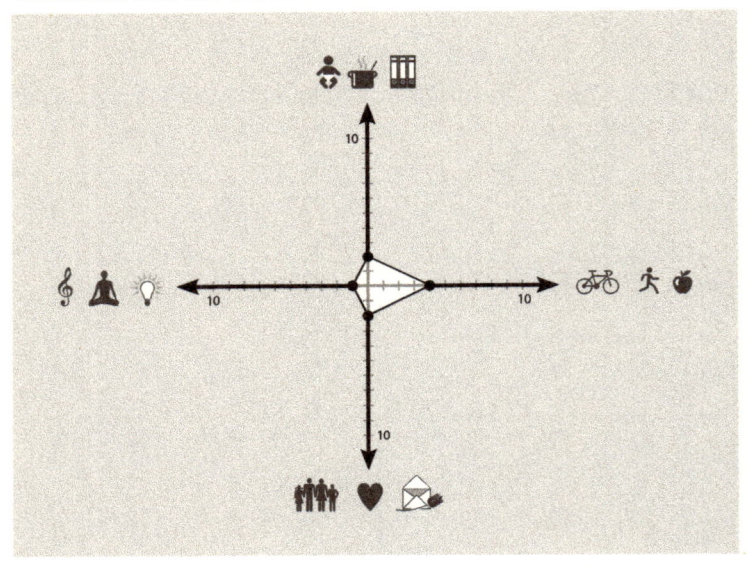

Diese Lösung würde zu einer besseren Balance führen. Allerdings würde Frank dabei wirklich auf sehr kleiner Flamme kochen, und dafür fühlt er sich definitiv noch zu jung und zu gesund. Außerdem muss er ja nach einigen Wochen auch wieder arbeiten. Dann wäre alles wieder genauso wie vorher. Daher ist das keine sinnvolle Lösung.

Eine andere Option sieht so aus: Frank macht weiter wie bisher. Dann würde vermutlich demnächst auch noch seine Beziehung den Bach runtergehen.

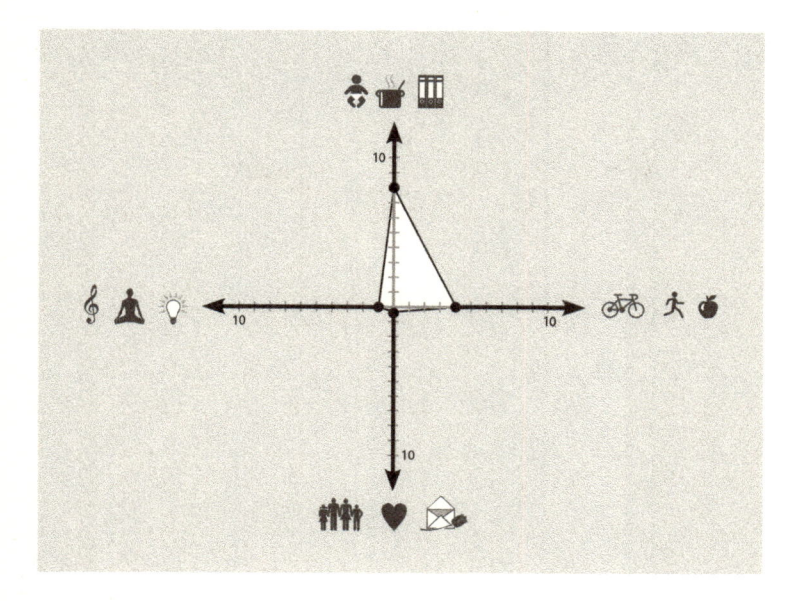

Das wäre fatal. Dann wäre Franks Burnout perfekt.

Ein anderer Ansatz: Frank hört mit dem Joggen auf und ruht sich stattdessen mehr aus, legt sich hin und versucht zu schlafen (siehe Powerfeld-Abbildung auf der nächsten Seite).

Die Folgen wären ebenfalls negativ, denn der Sport gibt wenigstens ein bisschen Ausgleich. Würde Frank auch den noch streichen, würde sich das Ungleichgewicht ja noch weiter verstärken. Auch das wäre also eine Abkürzung in den Burnout!

Wir entwerfen schließlich folgenden Plan: Frank nimmt eine Woche frei, um sich auszuruhen und in dieser Zeit eine kluge strategische Planung zu machen. Denn was wir nun erstmal nur als Plan ins Powerfeld einzeichnen, muss er ja noch umsetzen. Und das sind unsere Ideen: Sein Vorstandsamt im Musikverein gibt Frank ab. Das kann er problemlos mit seinem Beinahe-Burnout begründen. Er hat auch eine Idee, wer den Posten kommissarisch übernehmen könnte.

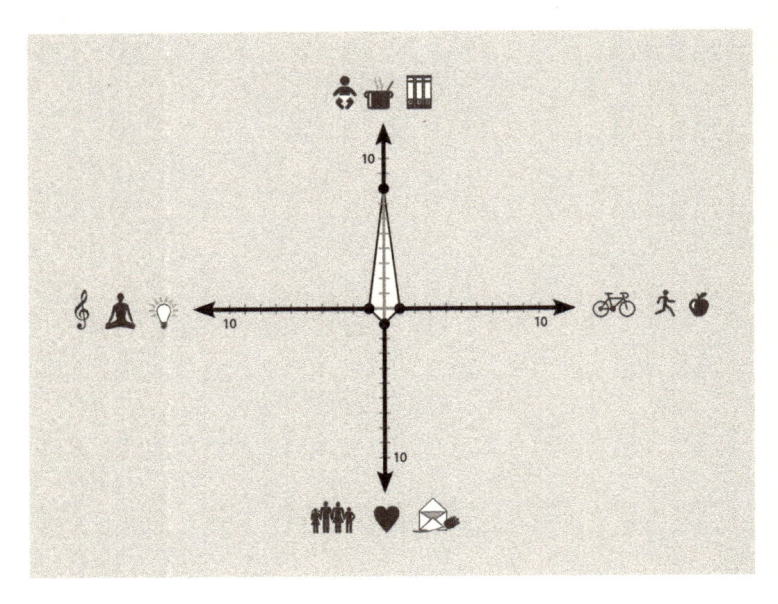

Die Entscheidung fällt ihm schwer, aber er möchte bei den Pflichten auf jeden Fall etwas wegnehmen.

Da die schwächste Achse die geistig/seelische ist, wird Frank seine Klarinette aus dem Keller holen und wieder mit dem Spielen anfangen. Wenn er mit seinem Instrument etwas fitter ist, kann er ja auch wieder im Verein spielen. Damit ihm das gelingt, rate ich ihm dazu, einige Zeit lang Unterricht zu nehmen. Das wird er tun. Außerdem wird er seinen Sport beibehalten und sich wieder häufiger mit Freunden treffen, auch wenn ihm gefühlt gar nicht danach ist.

Nach zwei Monaten sieht Franks Powerfeld so aus:

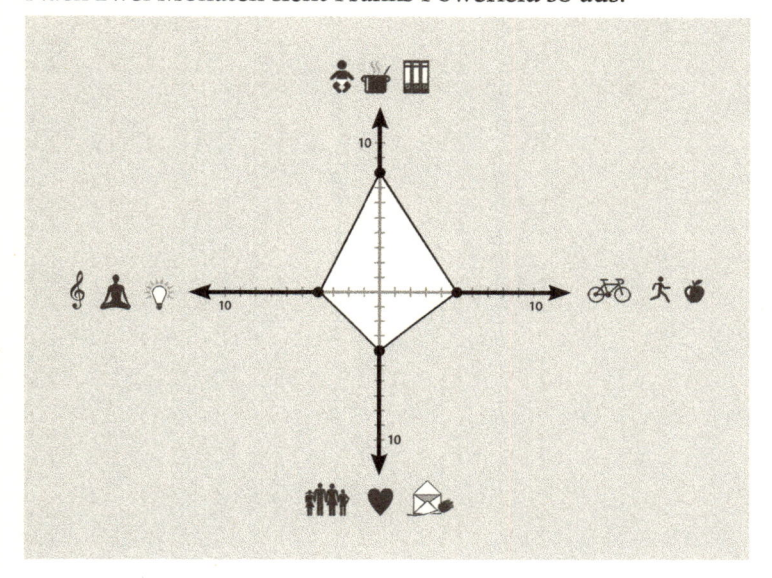

Ganz ausgeglichen ist es noch nicht. Aber Frank geht es viel besser. Er schläft besser und hat wieder Kraft. In seinem Job fühlt er sich leistungsfähiger und wohler, und er verbringt wieder viel mehr Zeit mit seiner Partnerin und alten Freunden. Er ist sich sicher: Nun bleibt er dran. Burnout? Der ist kein Thema mehr.

Wie du das Powerfeld für dich nutzt

5
Stärke dein Pendel

Du hast nun schon erfahren, wie du mithilfe des Powerfelds deine Gesamtenergie steigern kannst. Du weißt, wie du die Auslöser finden oder gestalten kannst, die dir dabei helfen, in Zustände voller Power zu gelangen. Damit kannst du viel für dich tun!

Im Zusammenhang mit den Resonanz-Phänomenen in Gesellschaft mit anderen wirst du schon dadurch ein stärkeres Pendel erhalten, indem du in deinem Powerfeld auf eine gute Balance achtest. Wer auf vier starken Beinen steht, fällt so schnell nicht um.

In den vorherigen Kapiteln habe ich einige Male auf Übungen verwiesen, die dein Pendel zusätzlich stark machen. Sie sind dann besonders wichtig, wenn du weißt, dass du nicht immer in deiner Mitte bist, dich leicht von anderen verunsichern lässt oder in Gegenwart von anderen manchmal sogar den Kontakt zu dir selbst verlierst.

In diesem Fall nutze die Übungen aus dem folgenden Abschnitt und lerne, bewusst in der Realität zu bleiben und gegenwärtig zu sein. Das wird deinen Kontakt zu dir selbst stärken und dir dabei helfen, in deiner eigenen Energie zu bleiben, wenn sie gut ist. Natürlich kannst du dich trotzdem auf eine bessere Ebene schwingen, wenn jemand bei dir ist, der dir das ermöglicht!

Wenn du manchmal in Zustände gerätst, in denen schmerzliche Gefühle dominieren, aus denen du nur schlecht wieder herauskommst, findest du im nachfolgenden Abschnitt über das Nutzen von Triggern Unterstützung.

Erlebst du während intensiver Anforderungen immer wieder, dass du den Faden zu dir verlierst, sind die energetischen Übungen für dich richtig.

Im Kapitel über Powerfood findest du Anregungen dafür, wie du dein Gehirn mit all dem versorgen kannst, was es für eine hohe Leistungsfähigkeit braucht. Das ist dann besonders wichtig, wenn du mit Vollgas durchs Leben gehst und dein Powerfeld in alle Richtungen intensiv aktivierst. Mentale Energie ist zwar nicht identisch mit dem Gehirn, doch sie ist von ihm abhängig. Diese Abhängigkeit ist mit der eines exzellenten Rennfahrers vergleichbar, der auch ein gut gewartetes und leistungsfähiges Fahrzeug braucht, um erfolgreich fahren zu können.

Wie du stark und authentisch wirst und andere mitreißt

Erinnerst du dich? Zwei Menschen, die sich begegnen und die sich auf verschiedenen Punkten der Sinus-Kurve befinden, werden sich nach und nach einander angleichen. Und zwar nicht in der Mitte, sondern ungefähr beim energetischen Niveau des einen oder des anderen. Welche der beiden Personen ihren Zustand ändert, hängt davon ab, wer von beiden gerade das stärkere Pendel hat.

Menschen, denen es gelingt, auf einem hohen Energielevel zu bleiben und dadurch andere mit hinaufzuziehen, wirken auf andere Menschen in ihrer Umgebung anziehend und strahlend. Man ist gerne in ihrer Gesellschaft, weil man sich dort wohl fühlt, geradezu gestärkt. Und das, obwohl der andere gar nichts hergeben musste. Denn die Resonanz wirkt so, dass sich bei allen Anwesenden die Energie erhöht, ohne dass deswegen jemand welche verliert. Die mentale Energie vermehrt sich wie durch Zauberhand.

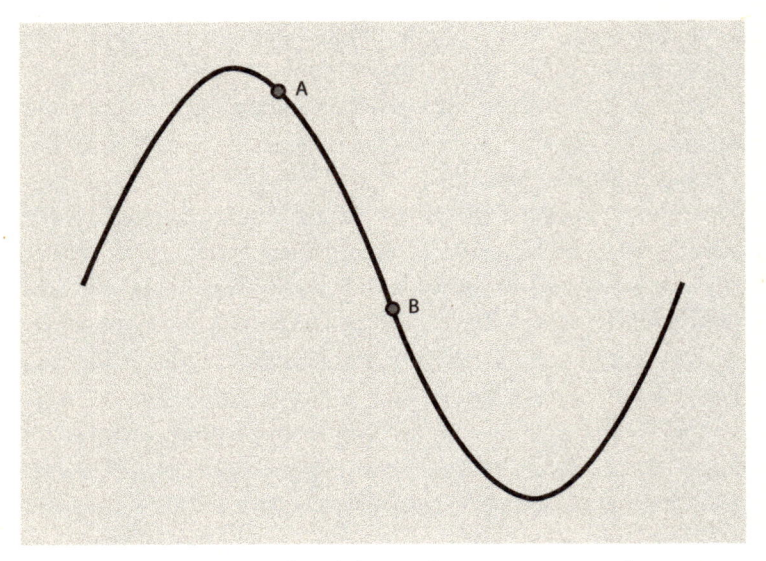

Nie wirken die Menschen, die diese Eigenschaften haben, künstlich oder gestellt. Es sind nicht diejenigen, die mit spitzen Ellenbogen oder einem künstlichen, aufgesetzten Strahlen durch das Leben gehen. Nein, häufig sind es vielmehr die Menschen, die gar nicht viel Aufhebens um sich machen – aber etwas ausstrahlen, das andere unweigerlich anzieht. Sie können gut motivieren und mitreißen, ohne dabei viele Worte zu machen.

Gerade die Menschen, die anderen Menschen von Berufs wegen sehr intensiv begegnen und sie unweigerlich beeinflussen, sollten es als ihre Verantwortung sehen, sich um ihren Energiezustand und ihr Pendel zu kümmern. Denn sitzen sie im Tal, sind die Chancen groß, dass sie andere mit hineinziehen. Das betrifft alle Menschen in sozialen Berufen: Ärzte und Psychologen, Sozialarbeiter und Berater, Lehrer und Erzieher in allen Bereichen. Und auch wenn ich in der männlichen Form schreibe, meine ich alle Frauen genauso.

Daneben ist auch für Eltern ein starkes Pendel und ein Zustand guter Energie wichtig, weil sie ihre Kinder »anstecken«. Je stabiler die Eltern, umso leichter ist das Leben für ihre Kinder!

Gleiches gilt für all diejenigen, die Personalverantwortung haben. Du siehst, es sind sehr viele Menschen, für die ein ausgewogener Energiezustand und ein starkes Pendel wichtig sind, und vielleicht gehörst du ja auch dazu?

Ein stabiles Pendel, das negativen Einflüssen konsequent widersteht, braucht gute Pflege. Es ist nicht angeboren, und es bleibt nicht automatisch erhalten. Wenn du in einem Zustand hoher Energie ein starkes Pendel behalten möchtest, musst du dich gut darum kümmern. Neben einem ausgeglichenen Powerfeld helfen dir die Anregungen, die du in den folgenden Abschnitten findest, dabei.

Hintergrundwissen: Persönlichkeit ist kein Schicksal

»Ich bin halt so, wie ich bin.« Hast du das schon einmal gehört oder selbst gesagt? Dann bist du in die Falle gegangen. Denn alles, was du dir selbst oder anderen sagst, wirkt direkt auf dich zurück. Als Autosuggestion, wie durch Selbsthypnose. Ob du willst oder nicht. Wenn du sagst: »Ich bin halt so, wie ich bin«, wirkt dieser Satz auf mehreren Ebenen. »So ist es eben.« Aber auch: »Wie man ist, ist eine unabänderliche Tatsache«, und daraus ergibt sich als Nächstes: »Man kann sich nicht verändern.«

Da dein Unbewusstes dazu neigt, das wahr werden zu lassen, woran du glaubst, wird es versuchen, das auch zu beweisen. Nun sind Veränderungen schwerer.

Viele Jahrzehnte lang hat die Psychologie kaum in Frage gestellt, dass Persönlichkeiten etwas Konstantes, also Bleibendes sind. Daraus könnte man schließen, dass unsere Persönlichkeit angeboren ist. Das hat auch dazu geführt, dass sich viele Trainings und Programme zur Selbstoptimierung an Tests orientieren, die Menschen in verschiedene Persönlichkeitstypen einteilen. Dadurch reduzieren wir Menschen aber auf einige wenige Merkmale und übersehen nicht nur ihre Vielfältigkeit (ein introvertierter Mensch kann in bestimmten Situationen oder in bestimmten Energiezuständen sehr wohl sehr extrovertiert sein!), sondern vor allem ihr Potenzial zur Entfaltung und Veränderung. Dafür gibt es in der Geschichte zahlreiche Beispiele. Vielleicht kennst du sogar selbst Menschen, die sich so stark verändert haben, dass sie kaum wiederzuerkennen sind? Denk mal an ein zehnjähriges Klassentreffen. Manche deiner ehemaligen Mitschüler sind fast genauso wie damals in der Schule. Aber in jedem Jahrgang gibt es auch einige, die man kaum wiedererkennt, und zwar nicht nur äußerlich. Da ist das total schüchterne Muttersöhnchen vielleicht zu einem selbstbewussten Mann herangereift. Der Nerd ein Naturmensch und Sportler geworden? Die Partymaus hingebungsvolle Krankenschwester und Umweltaktivistin? Und der langweilige Stubenhocker arbeitet in Myanmar und spricht vier Sprachen …

Menschen wachsen und verändern sich auf vielfältige Weise. Am leichtesten geht das in der Kindheit und der Jugend sowie im frühen Erwachsenenalter. Das ist nachvollziehbar, weil Menschen in diesen Entwicklungsphasen auch im Außen die größten Veränderungen erleben: Sie finden sich an einer neuen Schule plötzlich ganz anderen Leuten gegenüber als bisher, sie lernen Musik kennen oder Kunst, sie lernen Sprachen und verbringen ein paar Wochen im Ausland. Dort machen sie ganz neue Erfahrungen, die ihre Eltern oder ihr direktes Umfeld nie gemacht haben. Dadurch werden sie geprägt, ihnen passen sie sich an. Sie verändern ihre Persönlichkeit. Aber auch später, im Erwachsenenalter, geht das noch. Entweder durch Krisen, ungewollt, wie zum Beispiel eine schwere Krankheit, eine Trennung, einen Verlust. Oder, indem wir auf diese Veränderungen hinarbeiten, wie ein Bildhauer, der ein Stück Holz immer feiner bearbeitet und aus ihm Strukturen herausholt, die vorher nicht sichtbar waren.

Wenn du mit den Techniken arbeitest, die du in diesem Buch findest, wirst auch du erleben, wie du dich veränderst. Das ist kein Selbstzweck, sondern das Ergebnis des veränderten Handelns und der höheren Energie, die du nutzen kannst. Dadurch erweitern sich zwangsläufig deine Spielräume, du wirst mit neuen Menschen in Kontakt kommen, die ähnlich schwingen wie du und Erfahrungen machen, die bisher für dich unerreichbar waren. Du wirst mehr zu dir selbst als vorher! Das fühlt sich gut an und frei. Als hätte dein Inneres nur darauf gewartet, sich mehr und freier zu entfalten.

Achtsamkeit lernen

Nichts stärkt dein Pendel mehr als Achtsamkeit. Achtsamkeit führt zu mehr Gewahrsam, also zu einer besseren Wahrnehmung und zu einer stärkeren inneren und äußeren Lebendigkeit, weil du damit im Hier und Jetzt ankommst, also gegenwärtig wirst, anstatt dich mit deiner Energie in Sorgen, Ängsten, Hoffnungen oder Luftschlössern aufzuhalten. Achtsamkeitstraining verortet dich immer stärker da, wo du gerade bist. Im Außen und auch in dir selbst. Und schließlich kannst du im Kontakt mit anderen Menschen nur dann bei dir selbst bleiben, wenn du schon bei dir selbst bist! Genau das ist die Voraussetzung für mentale Stabilität. Und die wiederum ist Voraussetzung dafür, dass dein Pendel stark bleibt – auch in ungünstiger Gesellschaft!

Viele Menschen, die ihre Achtsamkeit trainieren möchten, nutzen dafür eine der vielen Formen von Meditation. Solche Übungen sind gut, doch manche Meditationsformen müssen sehr lange geübt werden, bis sie die ersten Veränderungen bewirken. Wenn du dich für Meditation interessierst, verweise ich auf das Buch von Maren Schneider (siehe Literaturliste am Ende des Buches). Es führt in sehr einfachen und kurzen Schritten in die Praxis der Meditation ein. Möchtest du dich einfach mal versuchsweise mit dem Thema beschäftigen, habe ich hier eine einfach durchzuführende Übung für dich, mit der du deine Wahrnehmung schulen kannst.

Wahr-Nehmen auf allen Kanälen

Nimm dir für diese Übung täglich mindestens einmal Zeit. Anfangs wirst du etwa drei bis fünf Minuten dafür brauchen. Mit der Zeit verringert sich die Übungsdauer stark, weil deine Wahrnehmung immer müheloser von einem Sinneskanal zum anderen wechseln kann. Der Effekt des Übens.

Einerseits ist diese eine der wirkungsvollsten Übungen, die ich überhaupt kenne. Gleichzeitig ist sie extrem einfach, fast schon banal. Vielleicht steckt darin aber gerade ihre Kraft. Während dieser Übung machst du eine Art Inventur. Dabei lässt du dich von der Frage leiten: »Was ist jetzt gerade los?« Anders gefragt: »Was ist jetzt wahr?« Dafür nutzt du nicht etwa deinen Verstand oder deine Gedanken, sondern deine Sinne. Du überprüfst, was die einzelnen Sinne dir melden und landest damit genau in dem Moment, in dem du bist. Der Kopf landet da, wo deine Füße gerade stehen.

Du hast neun Sinne, die du nacheinander scannst: Du kannst sehen, hören, riechen, schmecken, Druck spüren, Temperatur spüren, Schmerz oder Wohlbefinden fühlen, außerdem deinen Herzschlag und deine Atmung. Für die Wahrnehmung jedes dieser Sinne sind andere Nerven zuständig. Deshalb berücksichtigst du sie separat.

Wichtig bei der Durchführung ist, dass du wirklich bei deinen Sinneswahrnehmungen bleibst. Das bedeutet nichts anderes, als dass du jede Form von Bewertung oder Interpretation bleiben lässt. Nicht: »Oje, mein Herz schlägt ja schon wieder total schnell!«, sondern: »Aha, mein Herz schlägt schnell.« Siehst du den Unterschied? Alles, was du wahrnimmst, IST. Nichts ist richtig oder falsch. Du beobachtest es wir ein Wissenschaftler oder eine Wissenschaftlerin, die neugierig ist, was passiert, ohne etwas Bestimmtes zu erwarten.

Bist du bereit?

Sorge dafür, dass in den nächsten Minuten niemand etwas von dir will und setze dich so hin, dass du es einige Minuten lang bequem hast. Halte dich bei keiner Etappe lange auf. Es geht darum, zu merken, was ist, und dann kommentarlos weiterzugehen.

Wahrnehmungsübung

- Schließe deine Augen.
- Richte deine ganze Aufmerksamkeit auf alles, was du hören kannst. Geräusche von draußen, Geräusche im Raum und die Geräusche, die dein Körper macht.
- Richte nun deine ganze Aufmerksamkeit auf deinen Geruchs- und Geschmackssinn. Schmeckt es im Mund eher

sauer, bitter, scharf, süß oder salzig? Und was kannst du riechen?
- Richte deine Aufmerksamkeit nun auf das, was dein Drucksinn dir meldet: Wie spürst du deine Kleidung? Ist sie rau oder weich, eng oder weit? Wie fühlst du deine Haare oder die Position deines Körpers? Wie fühlen sich die Füße in den Schuhen an, wie spürst du, dass du Schmuck trägst, eine Uhr oder eine Brille?
- Richte deine Aufmerksamkeit nun auf deinen Temperatursinn. Wie ist die Temperatur in deinem Körper jetzt gerade? Und ist sie an verschiedenen Stellen vielleicht unterschiedlich?
- Richte deine Aufmerksamkeit nun auf deinen Herzschlag und finde heraus, wo du ihn bemerkst: In der Herzgegend, an den Schläfen, am Hals, im Bauch? Oder »weißt« du einfach, in welcher Geschwindigkeit dein Herz schlägt? Beobachte nun einen kleinen Moment lang deinen Herzschlag, wie er gerade ist.
- Richte nun deine Aufmerksamkeit auf deine Atmung: Wie schnell fließt dein Atem und wie tief?
- Scanne jetzt deinen Körper und nimm wahr, wo er sich angenehm anfühlt und wo unangenehm oder schmerzhaft.
- Öffne nun die Augen und schau dich ganz aufmerksam um. Oft ist das einfacher, wenn du nach etwas Bestimmten schaust: allen Gegenständen in einer bestimmten Farbe oder einer bestimmten Form.

Nun kannst du dich wieder dem widmen, was als Nächstes zu tun ist.

(Diese Übung hat sich bewährt, um schnell wieder zu sich zu finden, wenn man neben sich steht. Menschen, die oft zu viel oder im falschen Moment essen, hilft sie herauszufinden, ob der Impuls, etwas zu essen, wirklich von einem Hungergefühl ausgelöst wird oder ob etwas anderes dahintersteckt. Aber das sind nur zwei Beispiele für die Wirkung. Es gibt unendlich viele andere.

Ich empfehle als Richtschnur, dreimal am Tag zu üben, damit das Gehirn lernt, die Wahrnehmung stärker zu nutzen. Nach einigen Wochen wirst du dann erstaunt in deinem Alltag bemerken, dass du auch ganz spontan viel mehr wahrnimmst und viel mehr mitbekommst.

Gedanken beobachten und festhalten

Die folgende Übung ist anfangs etwas befremdlich, aber für alle Menschen gut geeignet, die das Gefühl haben, die Gedanken in ihrem Kopf machten, was sie wollen.

Ich vergleiche die Gedanken gerne mit Kindern in einer Schulklasse, die ohne Aufsicht ist – und zwar schon seit langer Zeit. Kannst du dir vorstellen, was in der Klasse los ist? Genau – ein unglaubliches Chaos. Jeder macht, was er will und der Stärkste gewinnt.

Stell dir nun vor, die Direktorin kommt in die Klasse. Vielleicht bemerken nicht gleich alle Schülerinnen und Schüler, dass sie den Raum betritt. Aber nach und nach bekommen es eben doch alle mit. Die ersten setzen sich schnell hin, Papierflieger werden hastig aufgesammelt, die ersten Mäppchen und Hefte ausgepackt, und allmählich, eins nach dem anderen werden die Kinder still. Je häufiger sie das erleben, umso schneller nehmen sie natürlich ihre Plätze ein. Und im Laufe der Zeit werden die Kinder wahrscheinlich gar nicht erst so ein riesiges Durcheinander veranstalten. Sie wissen ja: Es kann jederzeit jemand kommen und nach dem Rechten sehen.

Überträgst du dieses Szenario, übernimmt deine beobachtende Aufmerksamkeit in der folgenden Übung die Rolle der Direktorin.

Gedanken beobachten und festhalten

Was meine ich mit dem Wort Gedanken? Genau das, was als Text in deinem Kopf passiert: Was du dir selbst sagst, was als Wort oder Satz in dir auftaucht.

Nimm dir etwa drei Minuten Zeit, sodass du drei Durchgänge dieser Übung hintereinander machen kannst. Suche dir einen Ort, an dem du drei Minuten lang nicht gestört wirst. Das kann ein Platz zu Hause in deiner Wohnung sein – aber auch dein Auto, mit dem du unterwegs auf einen Parkplatz gefahren bist. Außerdem solltest du etwas zum Schreiben parat haben.

Schließe deine Augen, weil dadurch die innere Aufmerksamkeit ansteigt. Nimm drei tiefe Atemzüge und wende dann deine Aufmerksamkeit deinen Gedanken zu, mit der Absicht, den ersten Gedanken festzuhalten, der dir durch den Kopf saust. Sobald er auftaucht, machst du die Augen wieder auf und schreibst ihn auf. Geschafft?

Prima, dann mach einen zweiten und danach einen dritten Durchgang.

Fertig!

Wenn du diese Übung durchführst, vor allem, wenn du sie häufiger absolvierst, wirst du zwei spannende Erfahrungen machen:

Erstens erweisen sich die meisten »ersten« Gedanken als sehr belanglos. Manchmal kommen sie dir auch schon bekannt vor, weil du sie bereits mehrere Male beobachtet hast.

Zweitens entstehen beim Beobachten immer wieder Zeiten, in denen überhaupt keine Gedanken auftauchen! Das ist eine wunderbare Erfahrung, die in einen Zustand von Ruhe und Zentrierung führt. Warum solltest du das nicht genießen?

Der langfristige Effekt der Übung ist aber der, den ich dir am meisten ans Herz legen möchte: Deine Gedanken werden sich mehr und mehr beruhigen. Dadurch wirst du immer weniger von dem weggeholt, was im Augenblick ist. Du steigerst deine Präsenz und stärkst damit deine Mitte und dein Pendel.

Gedanken, Stimmungen und Gefühle beobachten
Die nächste Übung ist eine großzügige Erweiterung der vorhergehenden. Sie hilft dir dabei, nicht nur von störenden Gedanken Abstand zu gewinnen, sondern dich auch von Stimmungen und Gefühlen besser zu distanzieren, sodass nicht mehr sie dich beherrschen, sondern andersherum.

Die Übung erfordert etwas Vorerfahrung. Wenn du also bisher noch nie aktiv entspannt, meditiert oder etwas Ähnliches getan hast, empfehle ich dir, zuerst einmal eine Weile die Wahrnehmungsübung zu trainieren. Alternativ kannst du eine Anleitung für die Übung als Audio-File auf meiner Website herunterladen (siehe letzte Seite dieses Buches).

Gedanken, Stimmungen und Gefühle beobachten

Nimm dir etwa zehn Minuten Zeit und lege dich bequem hin. Schließe die Augen. Scanne nun sorgfältig deinen ganzen Körper von oben nach unten ab:

- Wie fühlt sich dein Kopf an? Die Augen, die Stirn, die Wangen, die Nase, der Mund, die Zunge? Das Kinn? Die Kopfhaut?
- Wie fühlen sich Hals und Nacken an?
- Wie fühlen sich deine Schultern an? Die Arme, die Hände, jeder einzelne Finger? Und die Handinnenflächen?
- Wie fühlt sich dein Rücken an, vom Nacken bis hinunter zum Steiß? Wie die Wirbelsäule, wie die Muskeln?
- Wie fühlen sich Brust und Bauch an?

- Wie fühlt sich dein Becken an, der Unterbauch, die Leisten?
- Wie spürst du deine Oberschenkel, deine Knie, deine Unterschenkel, die Füße, bis in die Zehen hinein?
- Mach dir bewusst: Du kannst deinen Körper wahrnehmen, das heißt beobachten, und das zeigt, dass du mehr bist als dein Körper.

Nun beobachte die Gedanken, die dir durch den Kopf gehen. Unternimm nichts, unterbinde nichts, kommentiere nichts. Mach dir bewusst: Weil du deine Gedanken beobachten kannst, bist du mehr als deine Gedanken. Das ist wichtig.

Nun beobachte deine Stimmung. Man ist so oder so gestimmt. Nimm wahr, wie deine Stimmung gerade ist, ohne etwas bewerten oder verändern zu wollen. Es ist, wie es ist. Und mache dir bewusst: Dass du deine Stimmung beobachten kannst, zeigt, dass du mehr bist als deine Stimmung. Das ist wichtig.

Nun beobachte deine Gefühle, deine Emotionen. Es gibt viele verschiedene, und manchmal vermischen sie sich auch. Nimm einfach wahr, welche Gefühle gerade in dir vorhanden sind, ganz ohne zu bewerten oder dich einmischen zu wollen. Mach dir stattdessen bewusst: Dass du deine Gefühle beobachten kannst, zeigt, dass du mehr bist als deine Gefühle.

Und dass du bemerkst, wie du beobachtest, zeigt, dass du mehr bist als nur ein Beobachter deiner selbst. Probiere mal aus, wie es ist, denn du dich dabei beobachtest, wie du dich beobachtest. Und wenn du möchtest, kannst du diesen Prozess noch einmal wiederholen und noch einmal, wie bei einer russischen Puppe.

Nun schließe die Übung ab, strecke und recke dich und komme zurück in die äußere Welt.

Trigger nutzen

Der Begriff »Trigger« stammt aus der Traumaforschung. Dort bezeichnet er Auslöser, die in traumatische Zustände zurückführen. So kann für jemanden, der ein Zugunglück überlebt hat, das Geräusch eines bremsenden Zuges ein Trigger werden: Jedes Mal, wenn er dieses Geräusch hört, erscheinen erneut Bilder des Unglücks vor seinem inneren Auge. Auch Gerüche, bestimmte Bewegungen oder die Statur eines Menschen können als Trigger wirken.

Hat man den Begriff früher ausschließlich im Zusammenhang mit Traumata benutzt, wird er heute in einem erweiterten Verständnis verwendet. Man könnte sagen: Ein Trigger ist etwas, das unmittelbar und durch den Verstand nicht kontrollierbar immer den gleichen inneren Zustand auslöst.

Es gibt vielfältige Trigger, auch im Leben von Menschen, die keine Traumata erlebt haben. Wörter können solche Trigger sein. Manche Wörter wirken bei sehr vielen Menschen als Trigger: »Darmspiegelung« oder »Spritze« zum Beispiel. Auch das Geräusch von quietschender Kreide auf einer Tafel löst bei manchen Menschen sofort ein unangenehmes Gefühl aus. Häufige positive Trigger sind dagegen der Geruch von heißer Schokolade, frisch gebackenem Brot oder von Vanille, die Worte »Urlaub« oder »sanft«.

Vielleicht nutzt du nach dem Lesen des 2. Kapitels schon alle positiven Trigger für dich, um mit ihrer Hilfe in starke Energiezustände zu kommen. Es gibt mit Sicherheit welche, die ganz intensiv bei dir ankommen und immer funktionieren, also positive Auslöser, die dir in allen Situationen guttun, in denen du aus einem negativen Zustand heraus möchtest.

Um sie benennen zu können, halte Ausschau nach

- persönlichen Maskottchen, besonders solchen, die den Kuscheltieren deiner Kindheit ähnlich sind oder deinem früheren Schmusetuch,
- »deinem« Duft,
- »deiner« Musik,
- »deiner« Parole,
- »der« Art, tief durchzuatmen,
- »deiner« Klamotte,
- »dem« Lippenstift oder Nagellack.

Hast du noch weitere Ideen? Notiere sie gleich, damit du keinen deiner persönlichen Trigger für positive Zustände vergisst!

- ....
- ....
- ....

Und verwende sie immer wieder gezielt, wenn du einen Energieschub brauchst!

Halte ebenfalls Ausschau nach negativen Triggern. Einige Beispiele:

- »der« Blick von bestimmten Personen, der dich jedes Mal schier in die Luft gehen lässt,
- »dieses« bestimmte Wort oder der bestimmte Satz (»Sei doch nicht so empfindlich«),
- »diese« besondere Unterbrechung oder Störung (Telefon mitten im Meeting).

Beobachte ruhig einige Tage lang, was dir im Alltag wiederfährt. Du wirst mit Sicherheit ein paar Trigger finden, die dir innerhalb weniger Millisekunden die Haare zu Berge stehen lassen. Das kann dann beispielsweise so aussehen wie bei Marcel. Er arbeitet in einem Großraumbüro. Die Strukturen sind offen, jeder redet mit jedem. Einer seiner Kollegen bringt Marcel aber immer wieder zur Weißglut: Christian. Wenn der die Augenbrauen hochzieht, gehen bei Marcel die Rollläden runter. Er sagt dann zwar nichts, braucht aber lange, bis er sich wieder gefangen hat und wieder produktiv arbeiten kann.

Auf einen anderen Trigger reagiert Natascha. Sie hält sich selbst für ziemlich belastbar und tough. Wenn sie mit ihrem Freund Streit hat, ist seine ultimative Waffe der Vorwurf, sie sei empfindlich. Dann geht Natascha jedes Mal in die Luft, wie von der Tarantel gestochen. Dabei würde sie gerne das Gegenteil tun. Aber sie schafft es nicht: Sie reagiert wie ferngesteuert.

Notiere gleich die negativen Trigger, die dich in deinem Alltag fernsteuern!

- ....
- ....
- ....

Wie du negative Trigger löschen kannst

Jeder negative Trigger, dem du immer wieder begegnest und der etwas bei dir auslöst, kostet dich Energie. Energie, die das negative Gefühl verbraucht. Energie, die du brauchst, um dich wieder zu beruhigen oder dich daran zu hindern, etwas Unbedachtes zu tun. Energie, die du dafür brauchst, diesem Trigger so gut wie möglich aus dem Weg zu gehen. Diese

Energie fehlt dir für anderes, für Konstruktives. Es zahlt sich deshalb enorm für dich aus, wenn du den einen oder anderen Trigger, der dich bisher fernsteuern durfte, entschärfst! Die systematische Desensibilisierung und die Mittellinien-Technik sind zwei Methoden, die du selbst bei dir anwenden kannst, um genau das zu erreichen. Beide Methoden sind einfach zu nutzen und eignen sich für eine Vielzahl verschiedener Trigger und damit verbundener Gefühle.

Systematische Desensibilisierung

Diese Technik wurde ursprünglich von dem US-amerikanischen Psychologen Joseph Wolpe erarbeitet. Wir wenden sie in einer weiter entwickelten Form an.

Nimm dir eine Viertelstunde Zeit, um das, was dich triggert, in verschiedene Stufen einzuteilen. Angenommen, es ist wie bei Natascha der Vorwurf, »empfindlich« zu sein. Das ist für sie die höchste Stufe, die 10. Aber es gibt noch andere Äußerungen, die sie ähnlich nerven – nur eben nicht so schlimm. Sagt ihr Freund, sie sei »sensibel«, ist das eine 7. Bezeichnet jemand sie als empfindlich, ist das eine 6, wenn diese Bemerkung von ihrer Mutter stammt, und eine 4, wenn es eine Freundin sagt. Sagt sie selbst das Wort »empfindlich«, dann ist es eine 2, spricht sie es sehr langsam und betont aus, eine 3. Verwendet sie das Wort »sensibel«, kommt sie damit bis auf 1, respektive 2, wenn sie es langsam und betont ausspricht.

Nutze die Skala auf der folgenden Seite als Kopiervorlage, wenn du mehrere Trigger bearbeiten möchtest und schreibe mindestens sechs verschiedene Stufen hinein. Bitte bearbeite aber keine Trigger selbst, die Folge eines Traumas sind! Wende dich in einem solchen Fall an einen Profi, da diese Arbeit besondere Sorgfalt und Erfahrung braucht.

Ist es nicht möglich, deinen Trigger in Stufen zu unterteilen, nutze nicht diese Technik, sondern die Mittellinien-Technik im nächsten Abschnitt.

Mein negativer Trigger:

10. ....

....

9. ....

....

8. ....

....

7. ....

....

6. ....

....

5. ....

....

4. ....

....

3. ....

....

2. ....

....

1. ....

Wie du negative Trigger löschen kannst

Um die Desensibilisierung durchzuführen, stellst du dir so gut es geht die Situation vor, die auf deiner Liste am weitesten unten ist, das heißt jene, die dich am wenigsten belastet. Dann bewege vor deinen geöffneten Augen einen oder zwei Finger deiner Hand etwa 20-mal schnell hin und her, sodass du mit den Augen noch folgen kannst, vergleichbar mit einem Scheibenwischer. Dabei bewegen sich nur deine Augen, und die Nase bleibt, wo sie ist!

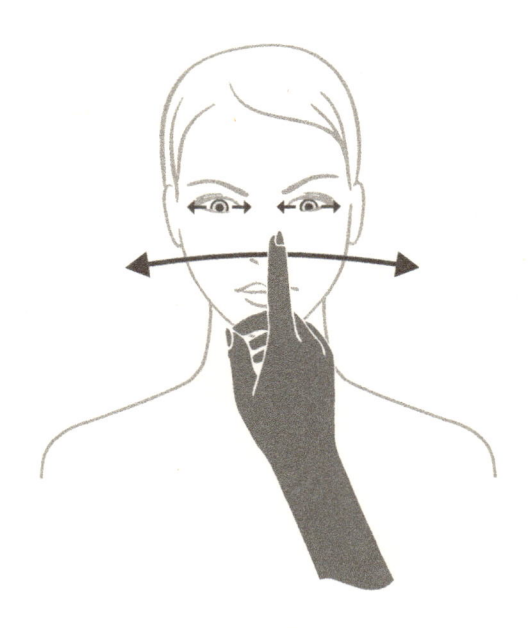

Atme tief durch und fühle dich wieder in die gleiche Situation hinein, mit der du gerade gestartet bist. Wenn noch Belastung spürbar ist, wiederhole das Procedere noch einige Male, so lange, bis du an die anfängliche Situation denken kannst, ohne das negative Gefühl zu verspüren.

Damit hast du die Arbeit für heute getan. Beim nächsten Schritt der Desensibilisierung nimmst du die nächsthöhere Situation in Angriff und arbeitest sie nach dem gleichen

Schema durch. So machst du einige Male weiter, bis du oben angekommen bist. Dann sollte der ehemalige Trigger keine großen Auswirkungen mehr bei dir haben.

Mittellinien-Technik

Diese wundervolle Technik habe ich von Fred P. Gallo gelernt. Sie wird in der Energetischen Psychologie von zahlreichen Praktikern in vielen verschiedenen Zusammenhängen genutzt. Wenn du sie verwendest, kombinierst du die Benennung des Triggers mit der Stimulation von fünf verschiedenen Akupunkturpunkten, auf die du nacheinander klopfst. Sie liegen alle in der Mitte deines Körpers; daher stammt auch der Name Mittellinien-Technik.

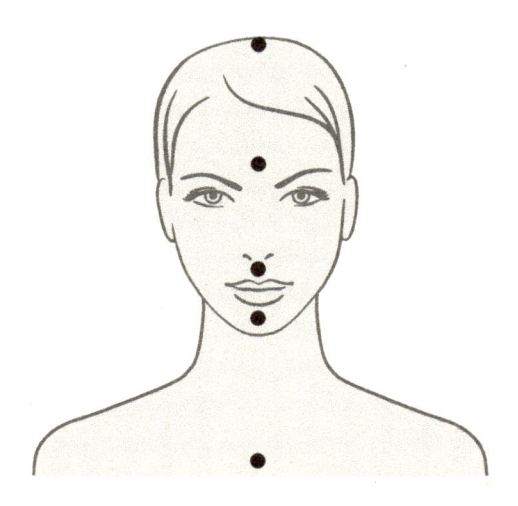

Der erste Punkt liegt auf dem Scheitel, auf dem höchsten Punkt des Kopfes. Der zweite Punkt befindet sich auf dem so genannten »Dritten Auge«, etwas oberhalb des Augenbrauenansatzes. Indische Frauen tragen dort manchmal einen aufgemalten Punkt. Den dritten Klopfpunkt findest du direkt unterhalb der Nase und oberhalb der Oberlippe, den vierten Klopfpunkt unterhalb der Unterlippe auf dem Kinn, in der Vertiefung. Der fünfte und letzte Punkt schließlich liegt auf dem Brustbein, etwa einen Zentimeter unterhalb des Punktes, wo die Schlüsselbeine auflaufen, auf dem Thymuspunkt. Bei Kindern liegt hier die Wachstumsdrüse.

Die Punkte werden von oben nach unten sanft beklopft, jeweils etwa 30 Sekunden lang. Während du das tust, benennst du das Problem, das dich zum Klopfen veranlasst – in diesem Fall das, was dich triggert. So könnte Marcel sagen: »Christians Blick« oder: »Mein Gefühl, an die Decke zu gehen, wenn Christian mich so anschaut«, und Nataschas Formulierung könnte lauten: »Wenn Jan ›empfindlich‹ zu mir sagt.«

Dieser Ablauf wird während des Klopfens ständig wiederholt: Du klopfst den ersten Punkt am Scheitel und wiederholst die Benennung des Problems immer wieder und wieder. Dann wechselst du zum nächsten Punkt und sprichst wieder dabei. Und so geht es weiter, bis du alle fünf Punkte beklopft hast.

Abschließend denkst du an den Trigger und fühlst kurz in dich hinein: Wie stark wirkt er noch? In den meisten Fällen hat die Wirkung ein wenig nachgelassen. Daran erkennst du, dass die Methode in diesem Fall funktioniert. Nach ein paar Atemzügen wiederholst du die Prozedur. Das tust du so lange, bis die Belastung stark reduziert ist und du gelassener an den Trigger denken kannst.

Energetische Techniken zur Stärkung der Mitte

Die folgenden kurzen Übungen helfen dir dabei, in deiner Mitte anzukommen. Sie unterscheiden sich in ihren Wirkungen, sodass sie nicht alle für die gleichen Situationen gut geeignet sind. Oder, andersherum ausgedrückt: Jede dieser

Übungen entfaltet ihre ganze Kraft in einer ganz bestimmten Situation. Deshalb kannst du dir immer genau die passende heraussuchen.

Du kannst die Mittellinien-Technik auch nutzen, um positive Vorstellungen oder Suggestionen zu verankern. In diesem Fall stellst du dir das entsprechende Bild vor und beklopfst gleichzeitig die fünf Punkte auf der Mittellinie deines Körpers, jeweils etwa 30 Sekunden lang. Oder du wiederholst immer wieder das Wort oder den Satz, den du dir einklopfen möchtest. Das könnte sich beispielsweise so anhören:

- Ich schaffe das!
- Ich bin mutig.
- Stark und frei.
- Ich bin stärker.
- Total tiefenentspannt in der Präsentation.

Am besten funktioniert das mit kurzen, prägnanten Affirmationen, die deine eigene Sprache verwenden. Versuche also nicht »schicke« Merksätze zu formulieren, die man drucken könnte, sondern nimm solche, die dich emotional ansprechen!

Auch hier lohnt es sich, das Klopfen einige Male zu wiederholen, am besten mehrere Tage hintereinander. So lädst du das Gesagte oder deine Vorstellung immer weiter auf und verleihst ihm Kraft.

Das Qi aktivieren

In der traditionellen chinesischen Medizin wird die Lebensenergie »Qi« genannt. Seinen Sitz hat das Qi nach der Vorstellung der alten chinesischen Ärzte in den Nieren, es wird durch Aktivierung des Nierenmeridians gestärkt. Meridiane sind unsichtbare Linien, die über den menschlichen Körper verlaufen. In diesen Linien oder Kanälen fließen verschiedene Energien.

Einer der Punkte auf dem Nierenmeridian ist »Niere 27«. Du siehst ihn auf der Grafik. Weil der Nierenmeridian doppelt angelegt ist und spiegelverkehrt auf beiden Seiten des Körpers verläuft, gibt es diesen Punkt zweimal. Du kannst ihn auf beiden Seiten sanft klopfen, und zwar am besten abwechselnd rechts – links – rechts – links und so weiter.

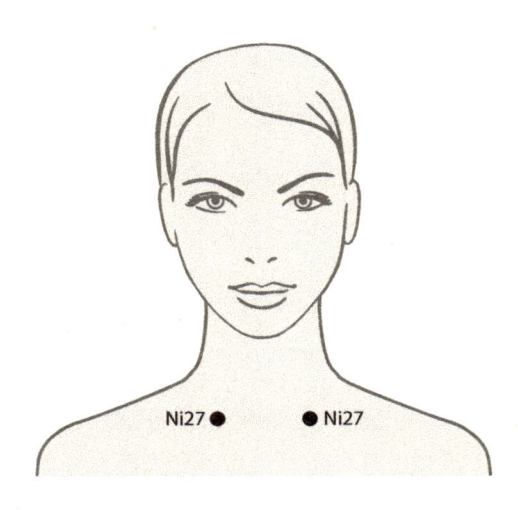

So findest du den Punkt: Fahre am unteren Rand deiner Schlüsselbeine sanft von außen nach innen. Sie verlaufen von den Schultern nach innen zum Brustbein. Kurz vor der Mittellinie, kurz vor dem Brustbein kannst du sie nicht mehr spüren. Stattdessen fühlst du eine ganz kleine Vertiefung. Dort liegt eine Knorpelstruktur, und genau hier befindet sich Ni27. Du musst den Punkt aber nicht haargenau finden. Da du mit zwei Fingern klopfst, bekommt der Akupunkturpunkt auch dann den wichtigen Impuls, wenn du nicht exakt auf die richtige Stelle klopfst.

Wenn du dich insgesamt geschwächt fühlst, hilft die Technik dir dabei, schneller wieder zu Kräften zu kommen. Außerdem bringt dich die Nierenenergie in Kontakt mit deinen Fähigkeiten und hilft dir beim Zentrieren, wenn du gerade neben dir stehst.

Bilaterale Hirn-Aktivierung

Das Gehirn besteht aus vielen verschiedenen Bereichen. So unterscheidet man eine große rechte Gehirnhälfte, genannt Hemisphäre, eine große linke Gehirnhälfte sowie viele kleinere Kerne, die in der Tiefe angesiedelt sind oder, wie das Kleinhirn, weiter hinten liegen. Möchte man das Gehirn zu einer besseren Verknüpfung beider Hemisphären stimulieren – wodurch die Konzentrationsfähigkeit gesteigert wird –, empfehlen sich bilaterale Techniken. Diese basieren darauf, dass auf beiden Seiten des Körpers abwechselnd Sinneseindrücke erweckt werden. Damit können wir uns besser konzentrieren.

Besonders sinnvoll sind solche bilateralen Techniken, wenn du schnell von einem zu einem anderen Thema wechseln musst – oder von einem in einen anderen Zustand. Außerdem wirkt das Aktivieren beider Hemisphären konzentrationsfördernd. Weil die bilaterale Aktivierung nicht einmal eine Minute Zeit in Anspruch nimmt, kannst du sie wirklich überall nutzen. Am leichtesten aktivierst du durch Klopfen. Deine Finger hast du ja überall dabei. Wie schon bei der Qi-Aktivierung klopfst du auch hier immer links und rechts abwechselnd.

Die Punkte, die sich für die bilaterale Aktivierung am besten eignen, befinden sich unter dem Schlüsselbein, auf den Wangenknochen, an der Schläfe und auf den Schultern. Probiere sie aus und entscheide selbst!

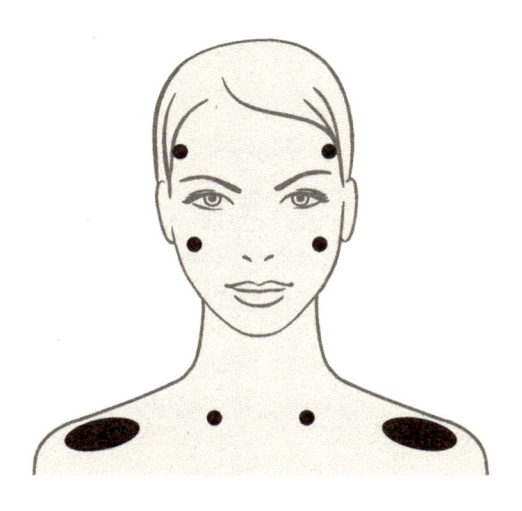

Yin-Yang-Atmung

Diese Atemtechnik habe ich auf dem internationalen Hypnose-Kongress 2015 in Paris von meinem chinesischen Kollegen Tak Ho Lam gelernt. Sie verbindet die Atmung mit der Lehre von Yin und Yang, also der aktivierenden und der beruhigenden Energie. Ich finde sie extrem einfach und wirkungsvoll und möchte sie dir deshalb vorstellen.

Du musst nichts weiter tun, als eine, zwei oder drei Minuten lang bewusst ein- und auszuatmen. Fühlst du dich insgesamt schlapp, hast du also zu wenig aktivierende oder zu viel beruhigende Energie, atmest du sehr kurz aus und lange ein – so lange es geht. Dann atmest du schnell aus und langsam ein. Das wiederholst du einige Male und mehrmals am Tag. Diese Atemtechnik wird in China Menschen mit Antriebsschwäche zum regelmäßigen Üben empfohlen.

Fühlst du dich eher überdreht, aufgeregt oder ängstlich, hast du also zu viel aktivierende oder zu wenig beruhigende Energie, tust du das Gegenteil: Du atmest schnell ein und dann ganz lange aus.

Powerfood

Warum Powerfood? Reicht es nicht, zu essen, was dir schmeckt? Die Antwort darauf lautet: Ja und nein. Du bist angetreten, um insgesamt leistungsfähiger zu werden, mehr Energie zu haben und mehr Lebensfreude. Dazu lernst du gerade eine Menge. All das wird dir dabei helfen, dein Gehirn künftig noch besser zu nutzen als bisher. So, als würdest du ein verrostetes Auto wieder herrichten, den Rost entfernen, alles schön schmieren, das ein oder andere Teil, das kaputt ist oder nicht stabil genug für höhere Geschwindigkeiten ersetzen. Nun steht dein Auto fertig vor dir. Du hast viel Zeit investiert und viel vor. Deshalb willst du starten, um mit deinem Auto die Welt zu erkunden. Kippst du nun ranziges Salatöl in den Tank?

Genauso ist es mit deinem Gehirn: Es ist ebenso wie dein Auto auf guten Treibstoff angewiesen. Im Gegensatz zu deinem Auto verzeiht es dir aber lange, wenn du es schlecht fütterst, und funktioniert trotzdem – wenn auch auf Sparflamme. Du merkst oft gar nicht, dass es auf halber Kraft läuft – bis du ihm den Treibstoff gibst, den es braucht – vielleicht nach einer kleinen Detox-Kur, um den Tank zu reinigen? Entscheide selbst!

Das braucht ein fittes Gehirn:

- Flüssigkeit, am besten Wasser und Grüntee. Beides belastet deinen Organismus weder durch Kalorien noch durch Zucker. Grüntee wirkt entzündungshemmend und unterstützt den Dopamin-Stoffwechsel (Dopamin ist ein wichtiger Botenstoff im Belohnungssystem).
- Gutes Eiweiß aus Fisch oder Meeresfrüchten, Eiern, Tofu oder Hülsenfrüchten wie Erbsen, Linsen, dicken Bohnen oder Kichererbsen. Hülsenfrüchte enthalten L-Trypto-

phan, eine Aminosäure, die in tierischen Produkten nicht enthalten ist, aber eine wichtige Rolle bei der Herstellung von Serotonin spielt. Der Serotoninstoffwechsel scheint bei depressiven Zuständen gestört zu sein. Achte bei Fleisch und Eiern auf Bio-Qualität, um mit dem gesunden Eiweiß keine unerwünschten Giftstoffe und Hormone zu dir zu nehmen.
- Reichlich Ballaststoffe. Diese haben zwar keine direkte Wirkung auf das Gehirn, aber auf das vegetative Nervensystem, das wiederum an unser Gehirn funkt. Hat die Verdauung es leicht, ist auch die mentale Energie besser.
- Reichlich frisches Gemüse und Obst, am besten abwechslungsreich und in vielen verschiedenen Farben. So kannst du sicher sein, dass du eine große Vielfalt von Vitaminen, Mineralstoffen und sekundären Pflanzenstoffen zu dir nimmst. Letztere haben vielfältige gute Wirkungen auf unseren Organismus, die noch bei weitem nicht alle erforscht sind. Wenn du wissen möchtest, welche Obst- und Gemüsesorten du in Bio-Qualität kaufen solltest, weil sie in konventioneller Qualität stark belastet sind, findest du umfangreiche Informationen im Anti-Krebs-Buch von David Servan-Schreiber.
- Omega-3-Fettsäuren. Sie spielen eine zentrale Rolle beim Zellstoffwechsel. Außerdem schaffen sie ein entzündungsfeindliches Klima im Körper. Viele Omega-3-Fettsäuren sind in fettem Seefisch enthalten, in Walnüssen, Leinsamen und Leinöl, in Rapsöl und in Sesamsamen. Als Basisöl für die Küche eignen sich Olivenöl und Rapsöl. Produkte, die dagegen viele Omega-6-Fettsäuren enthalten, solltest du bewusst meiden. Das sind Sonnenblumen- und Distelöl. Diese Fette sind entzündungsfördernd und in der gängigen Ernährung zu stark enthalten.
- Vermeide außerdem Substanzen, die dem gesunden Funktionieren des Gehirns entgegenwirken. Das sind neben

gängigen Suchtstoffen wie Nikotin und Alkohol vor allem alle Zuckerarten. Sie wirken ähnlich wie Kokain und stören den Dopaminstoffwechsel nachhaltig. Das Gehirn braucht zwar Zucker, es kann seinen Bedarf aber gut aus Kartoffeln, Gemüse oder Vollkornprodukten decken. Reinen Zucker wie auch reine Stärkeprodukte braucht es nicht.

Wer übt, gewinnt!

Du weißt jetzt, wie du deine Mitte stärkst, deine Aktivitäten so abwechselst, dass die optimale Balance entsteht, du weißt, welche Nahrung dir dabei hilft, du kannst deine Zustände kontrollieren, um aus Wellentälern heraus auf die Wellenkämme zu schwimmen. Und vor allem hast du eine Idee, wie du es schaffen kannst, den Großteil deiner Zeit oben auf der Welle zu bleiben, um aus dem Vollen zu schöpfen und deine Potenziale ganz zu entfalten. Für immer. Das klingt alles super, oder?

Doch wenn es an die Umsetzung all des Wissens in die Praxis geht, ist dein Gehirn dein größter Feind oder dein wertvollster Verbündeter. Alles Lernen, alles Üben braucht Wiederholung. Erinnerst du dich an deine erste Fahrstunde? Wie du dich verschaltet hast, weil du gleichzeitig darauf achten musstest, die Kupplung zu treten? Wie schwierig es war, über eine Kreuzung mit viel Verkehr und unklaren Regeln zu kommen? Wie häufig du erst einmal nachdenken musstest, bevor du den richtigen Hebel für den Scheibenwischer gefunden hast? Und heute? Alles geht ganz automatisch. Du musst nicht mehr nachdenken – du fährst einfach. Mit dem Lesen und dem Schreiben ist es genauso! Ich beobachte häufig Kinder dabei, wie sie in der ersten und zweiten Klasse sorgfältig und krakelig die ersten Buchstaben zeichnen. Wie viele Wiederholungen braucht es, bis sie sitzen? Und wie viele Wörter und Diktate musstest du schreiben, bevor deine Rechtschreibung einigermaßen klappte und du locker und ohne Anstrengung Briefe und Aufsätze schreiben konntest?

Lernen ist ein Prozess. Verstehen ist wichtig. Aber Üben ist wichtiger. Erstaunlicherweise können wir mühelos auch Dinge lernen, die wir nicht verstehen, aber üben. Was wir verstehen, aber nicht üben, lernen wir dagegen nicht. Ich verstehe zum Beispiel nicht, wie mein Computer funktioniert, habe aber oft genug damit gearbeitet, um im Großen und Ganzen zu wissen, was ich tun muss, damit mein Computer tut, was ich will. Übung macht den Meister. Und ohne Übung geht es nicht.

Das gilt auch, wenn du Veränderungen in deinen Energiezuständen herbeiführen möchtest. Stellst du dir ein Bild auf den Schreibtisch, wird es seine Wirkung nach und nach entfalten. Es am zweiten Tag gleich wieder abzubauen, weil du nicht den ganzen Tag tiefenentspannt warst, wäre vergleichbar damit, eine Packung Vitamintabletten wegzuwerfen, weil du direkt nach der Einnahme immer noch erkältet warst.

Lernen erfordert neben der geistigen Veränderung auch neue Verknüpfungen im Gehirn. Diese werden dann gebildet, wenn wir sie benutzen. Neues Verhalten führt dazu. Ich vergleiche das gerne mit Wegen und Straßen in einem Urwald. Sie entstehen dadurch, dass man genau da entlangläuft, wo sie sind. Anfangs bahnt man sich einen schmalen Pfad. Vielleicht muss man mit der Machete hie und da sogar noch etwas nachhelfen. Dann wird der Pfad breiter – vorausgesetzt, man geht ihn bald wieder. Wartet man ein Vierteljahr, ist er schon wieder zugewachsen.

Deine bisherigen Gewohnheiten, und dazu zähle ich auch deine Energiezustände, sind meistens schon sehr alt. Sie führen als Straßen und Autobahnen durch den Urwald. Kein Wunder, dass unser inneres Navi versucht ist, uns dort entlang zu schicken und nicht auf den schmalen Pfad, den wir dem Urwald gerade erst abgetrotzt haben. Dort ist das Vorankommen viel unbequemer. Und unser inneres Navi schickt uns immer auf die breiteste Straße.

Wenn du neue Erfahrungen so speichern möchtest, dass sie »von selbst« abgerufen werden und sich absolut normal und einfach anfühlen, musst du sie häufig wiederholen. 100 Wiederholungen sind eine gute Richtschnur. Deshalb übst du neue Zustände, in die du dich mithilfe von Imagination hineinversetzt, innerhalb von zwei Tagen genauso oft. Dadurch machst du aus einem schmalen Pfad eine breite Straße, auf der es sich dann wieder ganz bequem reist.

Andere Veränderungen, zum Beispiel solche in deinem Tagesablauf, brauchen etwa drei bis vier Monate, also ungefähr 100 Tage, bis sie zur neuen Normalität geworden sind und du dich nicht mehr um sie zu kümmern brauchst. Nach Ablauf dieser Zeit fällt es dir auch nicht mehr schwer, in einem stabilen kraftvollen Zustand zu bleiben. Er fühlt sich ganz normal an. Es fühlt sich an, als sei es schon immer so gewesen, ganz selbstverständlich.

Dann geschieht etwas Magisches: In deiner Gegenwart fangen andere an, sich besser zu fühlen. Dafür brauchst du nicht einmal etwas Besonderes zu tun! Du musst nichts Besonderes sagen, nicht besonders zu trösten und nichts zu raten. Alles, was es braucht, ist, dass du mit dieser Person in einen achtsamen Kontakt gehst und stur in deinem starken Zustand bleibst. Früher oder später wird der andere genau dort landen. Was hilft, ist dein Da-Sein. Mehr nicht. Ist das nicht wunderbar?

Das ist die Alchemie des Geistes.

6
Los geht's – mach dir einen Fahrplan!

Du hast erfahren, wie du auf vielfältigste Weise in deinem Alltag verschiedene Zustände auslösen kannst. Du hast bereits selbst gespürt, was Zustände oben auf der Welle von solchen im Tal unterscheidet. Du hast das Powerfeld-Modell kennengelernt und deine erste eigene Bilanz erstellt. Sicher bist du in den letzten Kapiteln auf einige Ideen gekommen, wie du deine eigene Energie insgesamt steigern kannst. Vielleicht sind dir auch schon Zustände in deinem Leben eingefallen, die bisher suboptimal waren, sodass es sich lohnen würde, sie durch stärkere zu ersetzen.

Mein größter Wunsch beim Schreiben dieses Buches ist, dass du es nicht nur liest und interessant findest, sondern dass es dich eine ganze Weile begleitet und immer wieder Anregungen für nächste Schritte liefert.

Oft merkt man nämlich beim Lesen, dass man einen ganz konkreten Zustand in einer ganz bestimmten Situation ändern möchte, in der man Energie verliert. Hat man das geschafft, schwebt man erst einmal wie auf Wolken. Wenn man dann aber erneut den Alltag überprüft, ist es gut möglich, dass einem weitere Situationen auffallen, die man optimieren könnte, um noch leichter durchs Leben zu gehen. Hör deshalb nicht dann auf, wenn du den schlimmsten Brand gelöscht hast. Erlaube dir ruhig zu testen, wo deine wirklichen Grenzen liegen. Die meisten Menschen unterschätzen ihre Möglichkeiten weit!

Tu jedoch nicht zu viel auf einmal. Alle Erfahrungen bestätigen: Wer zu viel auf einmal verändern möchte, übernimmt sich nicht nur, sondern gibt auch schnell wieder auf. Nichts entmutigt so sehr wie Ziele, die wir nicht erreichen. Dabei ist ein Phänomen vielleicht interessant für dich: Sollen Menschen sich für einen Zeitraum von zwei Wochen Ziele stecken, überschätzen sie ihre Möglichkeiten regelmäßig. Sollen sich die gleichen Menschen aber für einen Zeitraum von zwei Jahren ein Ziel stecken, unterschätzen sie ihre Möglichkeiten.

Das glaubst du nicht? Stell dir vor, jemand möchte abnehmen. Vier Kilogramm in zwei Wochen hörst du ganz oft. Und natürlich danach wieder vier Kilo in zwei Wochen. Also acht Kilogramm in vier Wochen. Wir wissen, dass die wenigsten das wirklich schaffen. Nicht nur, weil sie vielleicht irgendwann ihre Diät nicht ganz so konsequent durchhalten, wie das möglich wäre oder sich erkälten und deshalb eine Woche lang keinen Sport treiben können. Auch der Stoffwechsel verändert sich, und es ist ganz normal, dass nach dem Verlust der ersten Kilos für einige Zeit eine Stagnation eintritt, die man nicht beeinflussen kann. Das Ergebnis: Die Diät ist »gescheitert« und wird abgebrochen.

Die gleichen Menschen würden aber ohne mit der Wimper zu zucken sagen: 20 Kilo in zwei Jahren, das wäre ein gutes Ergebnis. Dass das ein ganz anderes Tempo bedeutet als das erste Ziel, ist ihnen zwar irgendwie bewusst, wenn man sie darauf hinweist, aber die Konsequenz ergibt sich daraus nicht von selbst. Wir wissen, dass beide Ziele nicht realistisch sind. Das erst ist viel höher gegriffen, als es mit der Realität der meisten Diäten vereinbar ist, selbst wenn sie konsequent durchgeführt werden. Das zweite Ziel verschenkt Spielraum. Denn es bedeutet nicht einmal ein Kilo Gewichtsverlust pro Monat. Da ist mehr drin. Natürlich könnte man sagen, ist doch egal, das ist doch besser als nichts. Richtig! Aber es steckt

Los geht's – mach dir einen Fahrplan!

mehr Potenzial in uns, das zu nutzen unser Leben reicher macht. Beziehen sich die zu niedrig gesteckten Ziele außerdem auf Lebensbereiche, in denen wir bestimmte Dinge nicht mehr nachholen können, verspielen wir dadurch endgültig bestimmte Chancen – zum Beispiel, wenn es darum geht, einen speziellen Abschluss zu schaffen, ein Instrument oder eine Fremdsprache zu lernen. Von vielen Menschen hört man die Aussage: »Dafür bin ich zu alt, das schaffe ich nicht mehr«, weil sie sich nicht klar machen, dass es auch für einen erwachsenen Menschen durchaus noch möglich ist, nach zwei Jahren Lernen passabel Italienisch zu sprechen oder einen Abschluss nachzuholen.

Langer Rede, kurzer Sinn: Plane eine Veränderung pro Monat und ziehe sie durch. Und die nächste für den nächsten Monat. Und so weiter.

Aus der Coaching-Praxis: Frederik

Frederik hat eine ganze Menge Probleme. Obwohl er erst Anfang 30 ist, hat er bereits einen Burnout und einen Herzinfarkt hinter sich. Den hat er zwar ohne Folgen überstanden, aber natürlich besteht begründete Sorge um seine Gesundheit. Frederik möchte nicht, dass ihm das wieder passiert, weiß aber nicht, was er verändern kann. Er hat seine Arbeitszeit reduziert, feiert die Wochenenden nicht mehr durch und nimmt auch keine Pillen mehr, die ihn bisher befähigt haben, von Freitag bis Sonntagabend »auf Party« zu sein. Trotzdem ist er besorgt, und sein Blutdruck ist weiterhin zu hoch. Sein Arzt hat ihm Betablocker verschrieben, die anschlagen. Trotzdem möchte Frederik mehr für sich tun. Er findet die Idee spannend, seine Energie aktiv beeinflussen und mehren zu können und fängt deshalb dort an, wo es ihm zuerst einfällt.

Monat 1: Er mistet seinen Kleiderschrank aus. Ab sofort trägt Frederik nur noch Kleidung, die er mit positiven Zuständen und Gefühlen verbindet, egal, wie es ihm gerade geht. Auch sein alter Schlafanzug muss weg. Den hatte er sich für die Klinik gekauft, in die er nach dem Herzinfarkt kam.

Monat 2: Frederik stellt seine Ernährung um. Er achtet vor allem auf eine Versorgung mit den richtigen Fetten. Außerdem kauft er anders ein: Weniger Fleisch, mehr Obst und Gemüse. Vor allem farbige Obst- und Gemüsesorten haben es ihm angetan. Damit er auch etwas damit anfangen kann, leiht er sich in der Bibliothek einen großen Stapel Kochbücher aus, um verschiedene Rezepte auszuprobieren. Die beiden Kochbücher, die ihm am besten gefallen, kauft er dann und stellt sie sich in die Küche. Außerdem dekoriert er seine Küche um: Die Gewürze, die bisher im Schrank ganz hinten standen, holt er nach vorne und stellt manche, die er häufiger benutzen möchte, auf die Arbeitsplatte. An die Wand über dem Esstisch hängt er ein Poster, auf dem ein Tisch voller leckerer und gesunder Tapas zu sehen ist. Er liebt die mediterrane Küche. Das Poster macht ihm Lust zu kochen und Neues auszuprobieren.

Monat 3: Frederik beschließt, Musik stärker als bisher zu nutzen, um sich in die passenden Zustände zu beamen. Es fällt ihm leicht, eine Playlist für das Lauftraining zu erstellen. Die Stücke brauchen den richtigen Rhythmus, die Melodien sind eher unwichtig. Die richtige Musik zum Entspannen zusammenzustellen fällt ihm schon schwerer. Mit Entspannungsmusik kann er nichts anfangen. Schließlich findet Frederik ein Album von Coldplay, das ihn runterbeamt. Außerdem baut er sich eine Playlist für die Haushaltsarbeiten. Die hasst er wie die Pest, aber sie müssen manchmal sein. Hat er sich früher immer ein ganzes Wochenende gequält, bis seine Bude aufgeräumt und geputzt war, schafft er es nun nicht nur in der halben Zeit – er schiebt es auch nicht mehr so lange auf. Einmal wöchentlich geht er seinen Haushalt an, und nach zwei bis drei Stunden ist alles erledigt!

Monat 4: Frederik lernt ein paar energetische Techniken, um sich während der Arbeit zwischendurch zu entspannen und besser in seine Mitte zu kommen.

Monat 5: Im letzten Monat war Frederik zweimal krank. Er wundert sich, warum sein Immunsystem nicht stärker ist. Vielleicht ist er doch über seine Grenzen gegangen, ohne es zu merken? Deshalb nutzt er diesen Monat, um achtsamer zu werden und übt mit der Wahrnehmungsübung. Das wird er beibehalten.

Monat 6: Frederik fühlt sich jetzt in der Lage, mit dem Rauchen aufzuhören. Das ist die Aufgabe für diesen Monat. Nachdem er seinen Zigarettenkonsum vorher schon reduziert hatte, entscheidet er sich für den kalten Entzug und liest zusätzlich ein paar Bücher, die ihn motivieren sollen. Er wirft alle Aschenbecher weg und lüftet seine Wohnung einige Tage lang immer wieder durch. Um einen neuen Geruch in die Wohnung zu bringen und sie als rauchfrei zu definieren, kauft er sich einen natürlichen Raumspray, der ihn tief durchatmen lässt und nach frischen Kräutern duftet. Nun hat er gar keine Lust mehr zu rauchen! Nur wenn er sich mit Freunden trifft, fällt es ihm schwer, auf Zigaretten zu verzichten. Aber das schafft er.

Monat 7: Frederik bricht den Kontakt zu einem alten Klassenkameraden ab, der ihn immer dann besucht, wenn er Probleme hat. Geht es ihm gut, ist er über alle Berge und man hört nichts von ihm. Frederik mag ihn. Aber jedes Mal, wenn Sebastian bei ihm war, ist Frederik erledigt und braucht erst einmal zwei Tage, um sich wieder aufzubauen.

In einem guten halben Jahr hat Frederik in seinem Leben sehr viel verändert. Stell dir vor, er macht noch einmal fünf Monate so weiter – wie viel er in einem einzigen Jahr seines Lebens alles verändert hat! Er wird den Unterschied in allen Bereichen seines Lebens merken: Sich wohler fühlen, leistungsfähiger sein, gesünder und insgesamt ausgeglichener. Bald schon wird er aus einer Lebenssituation, in der Schonung die Devise hieß, in eine Situation gekommen sein, in der er neue Ziele definieren und mit der vorhandenen Energie neue Projekte angehen kann.

Fang da an, wo es dir am leichtesten fällt!

Dein Leben umstellen – das kannst du genauso schaffen wie Frederik! Und hüte dich dabei vor einem klassischen Fehler: Es ist nicht wichtig, dass du da anfängst, wo es am dringendsten zu sein scheint. Manchmal ist das nämlich für den Start viel zu schwierig. Der Grund dafür kann ein ganz einfacher sein: Vielleicht steckst du gerade noch zu tief im Energietal, um die dafür nötige Kraft gut aufbringen zu können. Du würdest dich, wenn du dennoch die schwierigste Aufgabe zuerst angehen wolltest, dabei verausgaben und entmutigt aufgeben.

Beginnst du stattdessen an einem Punkt, der dir einfach erscheint, veränderst du auch damit etwas. Vielleicht noch nicht dein drängendstes Problem, aber auf jeden Fall deine Energie. Je mehr Energie du dann nach und nach hast, umso leichter kannst du auch die Berge besteigen, die dir am Anfang ganz hoch vorkamen.

Nimm dir immer wieder etwas Zeit, um in deinem Notizbuch zu notieren, was du selbst schon aktiv verändern möchtest, egal, in welcher Reihenfolge du es dann tust. Die Liste ist fürs Brainstorming da, zum Sammeln von Ideen. Schreib alles auf, was dir einfällt! Ganz egal, ob du dir schon vorstellen kannst, es umzusetzen oder nicht.

Wie möchtest du deine Energie insgesamt steigern? Denke dabei an das Powerfeld, Übungen zur Stärkung deines Qi oder das Entschärfen von Triggern.

....

....

....

Welche Situationen möchtest du ganz bewusst aufsuchen, welche Menschen bewusst treffen, weil sie dich in einen guten Zustand bringen?

....

....

....

Welche Zustände möchtest du künftig häufiger bewusst auslösen, und über welche Auslöser möchtest du das tun? Möchtest du Musik nutzen, Kleidung, Bilder, Vorstellungen, oder etwas ganz anderes?

....

....

....

Planen ist der erste Schritt – und wie du deinen Plan durchhältst

Das Gehirn ist ein Gewohnheitstier. Es folgt immer den ausgetretenen Pfaden. Deshalb neigt es dazu, Veränderungen einfach zu vergessen, egal, wie fest du sie dir vorgenommen hast. Da es für neue Schritte noch keine ausgetretenen Pfade im Gehirn gibt, nutzt dieses lieber die Pfade, die es bereits kennt. Auch wenn diese dich schnurstracks in ein Wellental führen, in das du gar nicht gelangen möchtest.

Damit du dich und vor allem deine grauen Zellen, die für die Umsetzung zuständig sind, immer wieder an die Monatsschritte erinnerst, sorge überall für kleine Erinner-Michs – also Hinweise, die dir sagen: »Hey, da war was! Hast du das heute schon gemacht?« Ein paar Ideen gefällig? Am Ende hast du noch Platz, um eigene Ideen zu notieren.

- Mach eine Notiz in deinen Terminkalender, auch digital.
- Plane dir explizit Zeit in deinem Terminkalender ein, wenn der Monatsschritt täglich etwas Zeit von dir braucht.
- Programmiere ein Erinnerungssignal in dein Handy. Wenn es um einen Schritt geht, für den du mehrmals täglich etwas tun kannst (zum Beispiel die Wahrnehmungsübung), darf es ruhig stündlich ein unauffälliges Signal geben. Dann kannst du überprüfen, ob sich gerade eine Gelegenheit ergibt.
- Ein Post-it am Badezimmerspiegel, am Kühlschrank oder im Auto über dem Lenkrad, ein Zettel auf dem Kopfkissen, ein winziges Lippenstiftherz auf dem Rückspiegel deines Autos funktioniert auch gut.
- Bitte jemanden, dich zu erinnern. In der Regel klappt das gut!
- Leg dieses Buch auf deinen Nachttisch, und zwar ganz oben auf den Stapel, sodass du es anfassen musst, bevor du etwas anderes liest. Oder lege es auf die Bettdecke oder auf den Esstisch.
- Nutze ein Bild, das dich an deine Aufgabe erinnert, und stelle es an deinen Arbeitsplatz, auf die Arbeitsplatte in der Küche, auf das Wachbecken im Bad oder nimm es als Bildschirmschoner für deinen PC und dein Handy.

- ....
- ....
- ....

Ich wünsche dir damit viel Erfolg!

Zum Schluss

Wenn du dich auf den Weg gemacht hast, gewinnst du doppelt. Du gewinnst nicht nur mehr Energie für dich und verbesserst dein eigenes Leben. Auch die Menschen in deiner Umgebung profitieren davon.

Denn wenn du oben auf der Welle surfst, bis du nicht nur leistungsfähiger und glücklicher – du bist weit davon entfernt, zu dem Egoisten zu werden, zu dem du mit Sicherheit mutieren kannst, wenn du unten im Wellental um dein Überleben paddelst.

Oben auf dem Wellenkamm bist du empathischer und klarer mit anderen und gestaltest deine Beziehungen so, dass du dabei weder über deine eigenen Grenzen gehst, noch von anderen zu viel erwartest. Alle Verletzungen, die du anderen aus deiner Schuld zufügst, entstehen in Zuständen, in denen es dir selbst nicht gut geht. Bist du dagegen mit dir im Reinen, achtest du automatisch auch mehr darauf, gut mit anderen umzugehen. Dafür brauchst du dich dann gar nicht anzustrengen.

Natürlich ist damit nicht gesagt, dass sich dann alle in deiner Gesellschaft wohlfühlen. Es wird vielleicht sogar Leute geben, die dir vorwerfen, du seist früher ganz anders und viel toller gewesen. Nicht selten handelt es sich dabei um Menschen, die davon profitiert haben, dass du bereit warst, dich ins Wellental zu werfen, um ihnen etwas Gutes zu tun oder ihnen das Gefühl zu geben, sie seien dort nicht alleine.

Diese Menschen werden durch deine Veränderung nun gezwungen, selbst mehr für sich zu tun. Vielleicht schenkst du ihnen ja dieses Buch?

Dank

Viele Menschen haben auf ganz unterschiedliche Art dazu beigetragen, dass dieses Buch entstanden ist. Kein Buch entsteht aus einem einzigen Menschen heraus. Was sich darin wiederfindet, ist in vielen Jahren gewachsen. Deshalb möchte ich Danke sagen.

Euch allen, die ihr in meinen Coachings Neuland entdeckt und eure schönsten Fähigkeiten entwickelt habt. Ich habe Teil daran gehabt und selbst immer wieder gelernt. Entweder, weil ihr mir gezeigt habt, was möglich ist, oder weil ihr mich an meine Grenzen gebracht habt. Dann musste ich sie erweitern und ebenfalls Neuland betreten. Danke!

Meinen wichtigsten Lehrern: Agnes Kaiser-Rekkas, Fred P. Gallo und Wolf Büntig. Ohne euch wäre ich nicht die Psychologin, die ich heute bin.

Meinen Freunden hier, die immer eine Umarmung, ein leckeres Essen, ein Ohr oder ein Glas Wein und viel Herzenswärme für mich haben: stellvertretend für alle: Katja, Olli, Canan, Antje und Jutta. Ihr macht mein Leben reich.

In Barcelona Stephanie und Matthias: Ihr habt mir eure wunderbaren Wohnungen anvertraut und mir die Stadt überlassen, wo der Text für das Buch entstanden ist.

Meinen beiden Lektoren Gerhard Plachta und Imke Oldenburg, die beide das Buch mit vielen klugen Ideen und Einwänden von mancher Ungereimtheit befreit haben. Was nun noch an Ungereimtheiten übrig ist, geht alleine auf meine Kappe!

Meinen wundervollen Kindern Linus, Cornelius und Yuna Grete. Wenn andere Mütter mit ihren Kindern Vokabeln gelernt haben, habe ich oft gearbeitet. Eure bemerkenswerte

Selbstständigkeit habt ihr selbst errungen, und sicher nicht immer freiwillig. Ihr dürft sehr stolz auf euch sein! Dafür, dass ihr mich so bedingungslos liebt, bin ich unendlich dankbar.

Dir, Christine, meiner Agentin: Du hast dich mit klugem Verstand und viel Herzblut für dieses Buch eingesetzt und mir viele Türen geöffnet.

Meiner Familie, Dietmar, Agneta und Silke, die mich immer zum Schreiben ermutigt haben. So konnte es letztendlich wohl nicht anders kommen.

Und nicht zuletzt dir, Andreas, der du immer an meiner Seite bist. Du hast mir bedingungslos den Rücken freigehalten, mich ermutigt und mich auch ertragen, wenn es mal nicht lief. Ohne dich gäbe es dieses Buch nicht.

Literatur

Allione, Tsültrim; Ifang, Erika: *Den Dämonen Nahrung geben. Buddhistische Techniken zur Konfliktlösung*, München: Arkana 2009

Béliveau, Richard; Gingras, Denis: *Krebszellen mögen keine Himbeeren. Das Kochbuch. Schmackhafte Rezepte fürs Immunsystem*, München: Kösel 2008

Bingemer, Susanna: *Superfoods. Kraftpakete aus der Natur*, München: Gräfe und Unzer 2015

Cantieni, Benita: *Tigerfeeling. Das perfekte Beckenbodentraining für sie und ihn*, München: Südwest 2012

Fischer, Elisabeth u. a.: *Low Carb. Das Kochbuch*, München: Gräfe und Unzer 2014

Gallo, Fred P.: *Energetische Selbstbehandlung. Durch Meridianklopfen traumatische Erfahrungen heilen*, München: Kösel 2009

Gallo, Fred P.; Vincenzi, Harry: *Gelöst – entlastet – befreit. Klopfakupressur bei emotionalem Stress*, Kirchzarten: VAK 2010

Harke, Sylvia: *Hochsensibel – was tun? Der innere Kompass zu Wohlbefinden und Glück*, Petersberg: Via Nova 2014

Jung, Carl Gustav: *Typologie*, München: dtv 2014

Kingston, Karen: *Feng Shui gegen das Gerümpel des Alltags. Richtig ausmisten – gerümpelfrei bleiben*, Reinbek: Rowohlt 2014

Lenz, Claudia: *Das Darm-Kochbuch. Rezepte für ein gutes Bauchgefühl und ein starkes Immunsystem*, München: ZS 2016

Lenz, Claudia: *Low Carb. Minutenkochbuch. 100 Rezepte von 5 bis 60 Minuten*, Stuttgart: Trias 2014

Lowen, Alexander: *Bioenergetik. Therapie der Seele durch Arbeit mit dem Körper*, Reinbek: rororo 2008

Peseschkian, Nossrat; Boessmann, Udo: *Angst und Depression*

Porges, Stephen W.: *Die Polyvagal-Theorie. Neurophysiologische Grundlagen der Therapie*, Paderborn: Junfermann 2010

Schneider, Maren: *Crashkurs Meditation. Anleitung für Ungeduldige – garantiert ohne Schnickschnack*, München: Gräfe und Unzer 2012 (mit CD)

Servan-Schreiber, David: *Das Anti-Krebsbuch. Was uns schützt: Vorbeugen und Nachsorgen mit natürlichen Mitteln*, München: Goldmann 2012

Servan-Schreiber, David: *Die Neue Medizin der Emotionen. Stress, Angst, Depressionen: Gesund werden ohne Medikamente*, München: Goldmann 2006

Spitzer, Manfred: *Digitale Demenz. Wie wir uns und unsere Kinder um den Verstand bringen*, München: Droemer 2014

Tolle, Eckhart: *Jetzt! Die Kraft der Gegenwart*, Bielefeld: Kamphausen 2010

Watzlawick, Paul: *Anleitung zum Unglücklichsein*, München: Piper 2009

Watzlawick, Paul: *Vom Schlechten des Guten oder Hekates Lösungen*, München: Piper 2005

Watzlawick, Paul: *Wie wirklich ist die Wirklichkeit? Wahn, Täuschung, Verstehen*, München: Piper 2005

Weiss, Halko u. a.: *Das Achtsamkeitsbuch*, Stuttgart: Klett-Cotta 2016

Weiss, Halko u. a.: *Das Achtsamkeits-Übungsbuch. Für Beruf und Alltag*, Stuttgart: Klett-Cotta 2016